大数据背景下的企业管理创新与实践

王彬瀛　李柘男　苏颂 / 著

辽宁人民出版社

© 王彬瀛　李柘男　苏颂　2024

图书在版编目（CIP）数据

大数据背景下的企业管理创新与实践 / 王彬瀛，李柘男，苏颂著 . -- 沈阳：辽宁人民出版社，2024. 12.
ISBN 978-7-205-11293-6

Ⅰ．F273.1

中国国家版本馆 CIP 数据核字第 2024AB0904 号

出版发行：辽宁人民出版社
　　　　　地址：沈阳市和平区十一纬路 25 号　邮编：110003
　　　　　电话：024-23284191（发行部）　　024-23284304（办公室）
　　　　　http ://www.lnpph.com.cn
印　　刷：天津光之彩印刷有限公司
幅面尺寸：170mm×240mm
印　　张：12
字　　数：130 千字
出版时间：2024 年 12 月第 1 版
印刷时间：2024 年 12 月第 1 次印刷
责任编辑：孙姝娇
装帧设计：一诺设计
责任校对：吴艳杰
书　　号：ISBN 978-7-205-11293-6
定　　价：56.00 元

前　言

在数字化时代的大数据背景下，企业管理面临着前所未有的机遇和挑战。随着互联网技术的迅猛发展和智能设备的普及，庞大的数据量催生出了一个新的经济领域——大数据经济。大数据的应用正在改变着企业运营和管理的方式，为企业带来了前所未有的机遇。

大数据经济以数据为核心，通过数据的采集、分析和交互，为企业提供全新的商业模式和价值创造方法。在这一新的经济形态下，企业需要通过开发和应用大数据技术，实现对海量数据的挖掘与利用。通过挖掘数据中蕴含的潜在商业价值，企业可以更好地了解市场需求和消费者行为，更精准地进行产品定位和市场营销。

然而，要实现大数据的有效利用，企业需要进行管理创新与实践。传统的企业管理模式已经无法满足大数据时代对企业的要求。在大数据背景下，企业管理需要突破传统的思维方式和管理方式，转变为以数据驱动的方式。以数据为核心的管理模式，可以帮助企业更加科学地决策、优化资源配置，提高运营效率和管理效果。

大数据背景下的企业管理创新与实践

  大数据时代的企业管理创新需要从各个方面入手。首先，企业需要建设起灵活、高效的数据采集与管理系统。只有建立起完备的数据采集和管理体系，才能确保数据的准确性和完整性。其次，企业需要投入大量的资源进行数据分析和挖掘。数据分析和挖掘技术的应用，可以帮助企业发现数据中隐藏的规律和趋势，拓展市场空间和增加竞争力。再次，企业需要提升员工的数据分析和应用能力。只有培养一支具备数据分析和应用能力的团队，才能真正实现数据驱动的决策和运营。

  面对日益复杂的市场环境和激烈的竞争态势，企业管理创新和实践势在必行。大数据背景下的企业管理创新不仅是企业的需要，也是大势所趋。只有不断地创新和实践，才能在激烈的市场竞争中立于不败之地。

  本书旨在揭示和探索大数据背景下的企业管理创新与实践。通过深入分析大数据经济的特点和趋势，本书将提供一系列实践案例和管理思考，帮助企业理解和应对大数据时代的挑战和机遇，探索适合自身的管理模式和创新路径。无论是传统企业还是新兴企业，无论是企业决策者还是管理从业者，本书都将为他们提供一种思路和方法，促使其实现管理创新与实践，驱动企业走向成功的道路。

  大数据时代已经到来，企业管理创新与实践已经成为企业发展的必然选择。通过深入探索大数据背景下的企业管理创新与实践，可以助力企业实现持续创新和可持续发展，迎接挑战，创造更加美好的未来。本书希望能为广大读者带来有益的思考和启发，引领企业在大数据时代中迈向成功。

目　录

第一章 大数据的概念与特点

一、大数据的定义和起源

（一）大数据的定义及其发展历程

在当今这个信息化时代，数据已经成为新的"石油"，而大数据则是最珍贵的矿藏。那么，究竟什么是大数据呢？大数据指的是传统数据处理应用软件难以捕捉、管理和处理的在一定时间范围内快速增长的、复杂的大规模数据集。这些数据集具有如此庞大的规模和复杂性，以至于它们需要新的处理模式和技术来进行有效的捕捉、管理和处理。大数据具有四个主要特征，通常被称为"4V"。首先是大量的数据，也就是数据的体量非常庞大，已经超出了传统数据处理软件的承载能力。其次是快速的数据生成和处理速度，即数据的产生和流转速度非常快，需要实时或近实时地进行处理。第三是多样化的数据类型，大数据涵盖了结构化数据、半结构化数据和非结构化数据，这些数据各异，需要采用不同的技术手段进行处理和分析。最后是价值密度低，也就是说，在大数据中，有价值的信息占比相对较低，需要通过数据挖掘和分析技术来挖掘其中的有价值信息。

大数据的发展历程可以追溯到 20 世纪 50 年代和 60 年代。当时，数学家和计算机科学家开始研究如何处理和管理海量数据。他们提出了许多数据处理和存储的理论和技术，为大数据的发展奠定了基础。然而，真正引爆大数据研究的事件是互联网的出现。互联网的发展带来了大量数据，如社交媒体、在线交易、搜索引擎等，这些数据量迅速增长，需要新的技术来处理。随着数据量的不断增长，大数据的概念逐渐被人们所接受和认可。2008 年，全球知名咨询公司麦肯锡首次提出了"大数据"一词，并将其定义为"数据量如此之大，以至于用现有的数据库软件工具进行捕捉、管理和处理的数据集合"。这一定义进一步明确了大数据的特征和挑战，引发了全球对大数据的研究和应用的热潮。在我国，大数据的发展也得到了政府和企业的高度重视。近年来，我国政府出台了一系列政策，支持大数据产业的发展。大数据已经被纳入国家战略性新兴产业，成为推动经济发展的重要力量。同时，我国企业在大数据技术和应用方面也取得了显著成果。例如，阿里巴巴、腾讯等互联网企业在数据挖掘、数据分析等方面具有国际领先的技术水平，为我国大数据产业的发展做出了重要贡献。

然而，大数据的发展也面临着一系列挑战。首先，大数据的处理和分析需要强大的计算能力和存储设备，这对硬件设施提出了更高的要求。其次，大数据的安全性和隐私保护问题日益凸显，需要建立完善的管理制度和法规体系。此外，大数据的人才培养也成为制约我国大数据发展的瓶颈。因此，需要加强大数据相关领域的人才培养，提高大数据技术的研发和创新能力。

（二）国际与国内的大数据定义差异

在国际上，大数据的定义更加关注数据的规模和处理难度。由于国际上的数据源更加广泛和多样化，数据的规模和复杂性较大。因此，国际上对大数据的定义侧重于与大规模和复杂数据的处理有关的技术和方法。国际上的大数据定义更侧重于技术层面，如数据的采集、存储、处理和分析等方面。国际上的大数据定义更注重数据的技术处理能力，以应对海量和复杂的数据挑战。而在国内，大数据的定义更具有应用导向性，注重挖掘数据的经济和社会价值。由于中国拥有庞大的人口规模和快速发展的经济，大数据对于解决社会问题、推动经济增长和改善公共服务方面具有重要的作用。因此，中国对大数据的定义更加强调数据的应用，将其视为实现经济社会发展目标的重要工具。国内对大数据的定义还强调了数据技术与传统产业的深度融合。中国在传统产业方面具有较强的基础和优势，如制造业、农业和服务业等。而大数据技术的崛起为传统产业注入了新的活力，带来了更高的效率、更好的服务和更广阔的发展空间。因此，中国将大数据视为实现传统产业转型升级的重要工具，并注重推动数据技术与传统产业的有机结合，以实现更好的发展。除了强调数据的应用和与传统产业的融合，中国对大数据的定义还注重其对经济社会发展的推动作用。中国政府将大数据视为新一轮科技革命和产业变革的重要驱动力，将数据作为国家创新能力的重要支撑。中国政府通过一系列政策和措施，鼓励大数据技术的研发和应用，促进数据产业的发展，以推动经济社会的转型升级和可持续发展。

然而，尽管在定义上存在差异，国际和国内对大数据的定义都反映了其在经济社会发展中的重要作用。无论是国际上对大数据规模和处理难度的关注，还是国内对数据应用和产业发展的强调，都表明了大数据对于推动创新、提升效率、改善服务和打造新业态的重要作用。大数据已经成为全球范围内前沿科技和产业的重要领域，对于各国都具有重要的战略意义。在实际应用中，中外企业和机构对大数据的理解和应用也存在差异。在国际上，大数据已经广泛应用于金融、医疗、能源、交通等领域，推动了创新和发展。国外企业和机构更加注重大数据的商业价值和创新潜力，将其作为核心竞争力的重要来源。例如，Facebook、谷歌等互联网巨头以大数据技术为核心，实现了强大的商业模式和巨大的市值增长。而在国内，大数据的应用主要集中在政府机构、科研机构和大型企业等领域。国内企业和机构在大数据的应用上注重解决现实问题和推动经济社会发展，如城市管理、智慧农业、健康医疗等。同时，国内对数据的严格管理和隐私保护也对大数据在商业领域的应用和发展造成了一定的限制。

（三）大数据与其他相关概念的比较

大数据与数据挖掘、数据科学、人工智能等概念密切相关，它们之间的关系密切，但它们之间也存在一些区别。数据挖掘是从大量数据中提取有价值信息的过程，是数据分析的一种形式。在进行数据挖掘时，需要处理大量的数据，这些数据可能是结构化的，也可能是非结构化的，甚至包含了图像、音频等多媒体信息。与大数据一样，数据挖掘也关注数据的规模和处理效率，但是它的范围可能更加狭窄。它可能涉及某些特定的应用领域，例如金融、医疗、市场营销等。数据科学是一门跨学科的学科，它涉及数学、统计学、计算机科学等多个领域。数据科学的主要目标是利用科学方法、过程、算法和系统来分析、解释和提取数据中的价值。在数据科学的研究中，需要处理的数据量也很大，但可能并没有那么复杂。通过数据科学的算法和系统，可以从海量的数据中提取出有用的信息，解决实际问题。人工智能也是一个广泛的概念，它涉及许多不同的技术和方法，例如机器学习、深度学习、自然语言处理等。人工智能的目标是通过模拟人类智能行为来执行任务，而大数据则为人工智能提供了丰富的数据资源和处理对象。通过人工智能技术，可以处理海量的、复杂的、非结构化的数据，提取出有用的信息并执行各种任务。

然而，尽管大数据与这些概念密切相关，但它们之间仍然存在一些明显的区别。大数据更加关注数据的规模和处理效率，它需要处理的数据量非常大，而且数据的种类和结构可能非常复杂。此外，大数据还涉及数据的存储和管理、数据的分析和挖掘、数据的可视化等多个方面。因此，大数据需要采用更加先进的技术和工具来处理和管理数据。虽然大数据、数据挖掘、数据科学和人工智能等概念之间存在区别，但它们都是为了从海量的数据中提取有价值的信息，解决实际问题。随着大数据技术的不断发展，这些领域的研究和应用将会得到更加深入的发展。大数据将会成为未来信息社会的重要资源，它将会在各个领域发挥越来越重要的作用。大数据与其他相关概念的比较还涉及数据的来源和类型。在传统的数据处理和分析中，数据的来源相对单一，数据的类型也相对简单。例如，在金融领域中，通常会使用结构化数据来描述客户账户信息、交易记录等。而在大数据中，数据的来源更加广泛，数据的类型也更加多样化。除了结构化数据之外，还会遇到非结构化数据，例如社交媒体上的文字、图片和视频等。此外，大数据还涉及大量的实时数据和多媒体数据。这些数据的存在使得数据处理和分析变得更加复杂和困难。因此，大数据需要采用更加先进的技术和方法来处理和管理数据。例如，可以使用分布式计算框架和算法来处理大规模的数据集；可以使用机器学习和深度学习算法来处理非结构化和多媒体数据；还可以使用自然语言处理技术来处理大量的文本数据。通过这些技术和方法的应用，可以更好地从大数据中提取有价值的信息，为各个领域的发展提供更加有力的支持。需要强调的是，大数据并不是一个孤立的概念，它需要与其他技术、方法和管理模式相结合才能发挥最大的作用。例如，需要将大数据与人工智能技术相结合来构建智能化的应用系统；需要将大数据与云计算技术相结合来提高数据处理和分析的效率；还需要建立完善的数据管理制度和规范来保证数据的完整性和安全性。因此，大数据的发展需要不断探索和创新，需要不断地学习和交流，以适应不断变化的市场需求和技术发展。

二、大数据的特点与挑战

（一）大数据的主要特点分析

大数据的主要特点可以分为数据量大、产生速度快和数据类型多样三个方面。第一，大数据的数据量通常非常庞大，远远超过传统的数据处理能力。随着互联网的快速发展，越来越多的数据被数字化并生成，例如社交媒体平台每天生成大量的用户数据，包括用户的个人信息、行为记录和用户之间的互动信息等。电商平台也收集并处理大量的购物记录，包括用户的购买历史、浏览记录和评价等。这些数据量庞大，传统的数据处理方法已无法胜任。第二，大数据的产生速度快，即所谓的实时性要求高。在许多场景下，数据的实时处理是至关重要的。例如，金融交易数据需要及时处理和分析，以确定市场趋势和做出投资决策。在这个领域中，对数据的时效性要求非常高，因为市场行情瞬息万变，延迟几秒钟的信息可能导致巨额的财务损失。因此，大数据需要具备快速处理和分析的能力，确保及时获取有价值的信息。第三，大数据的数据类型多样，不仅包括结构化数据，如传统数据库中的数据，还包括半结构化数据和非结构化数据。结构化数据是指有明确定义的数据模式和关系，可以像表格一样进行处理和分析，例如数据库中的数据。半结构化数据是介于结构化数据和非结构化数据之间的一种数据类型，它包含了一定的标签或结构，但没有明确的数据模式，例如日志文件、XML 文档等。非结构化数据是指没有明确的结构和模式的数据，例如音频、图像、视频等。在现实生活中，大量的非结构化数据产生并需要被处理和分析，如医疗图像、安保监控视频等。因此，大数据处理需要针对不同类型的数据进行相应的处理和分析方法。

（二）大数据带来的技术挑战

尽管大数据带来了许多机会，但也给技术带来了一系列挑战。首先，数据的采集和存储成为一个十分重要的问题。随着大数据的快速增长，人们需要从各种来源收集数据，如传感器、社交媒体和其他应用程序等。这就带来了存储大量数据的问题，同时还需要解决如何高效地检索和访问这些数据的难题。大数据的处理和分析也变得更加困难。由于数据量庞大，传统的数据处理工具和算法无法有效地处理大规模的数据。因此，研究人员和工程师们需要开发出新的数据处理和分析技术，以提高数据处理的效率和准确性。他们在努力改进现有的算法和开发新的算法，以应对大数据时代的挑战。与此同时，大数据还带来了数据隐私和安全性的挑战。大数据中包含着大量的敏感信息，比如个人身份、财务信息等。这些数据的隐私和安全性非常重要，因此保护这些信息是一个紧迫的问题。研究人员和技术专家们需要开发可靠的数据加密和身份验证技术，以确保大数据的安全性和隐私保护。大数据还存在着数据质量、数据可靠性和数据一致性等方面的挑战。大数据往往包含大量的噪声和错误，如缺失值、异常值和重复值等。处理这些问题需要开发出高效的数据清洗和数据校验技术，以确保数据的质量和可靠性。此外，在大数据中，数据来自不同的源头，可能存在数据格式和数据标准的不一致性，这也需要进行数据整合和数据一致性的处理。此外，大数据还提出了对网络基础设施和计算资源的需求。大数据的处理需要庞大的计算和存储资源，传统的网络基础设施和计算设备往往无法满足大数据处理的需求。因此，各大科技公司和研究机构都在不断地投入资金和人力资源来改进网络基础设施和计算资源，以满足大数据时代的需求。

（三）大数据时代的企业管理挑战

随着大数据时代的到来，企业管理面临着前所未有的挑战。在当今的信息爆炸时代，企业需要应对大量的数据挑战，同时还要不断适应和利用这些数据，以提升自身的竞争力。企业需要具备从海量数据中获取有价值信息的能力，并将其应用于业务决策中。随着数据量的快速增长，如何从数据海洋中识别出有价值的信息并对其进行有效的利用，成为企业管理的重要任务。企业需要建立起强大的数据分析团队，运用先进的数据分析工具和方法，深入挖掘数据背后的价值，以便更好地了解市场和客户需求，为企业的战略规划和业务决策提供有力支持。大数据时代要求企业能够建立一个高效的数据治理和管理机制。在这个机制中，企业需要确保数据的质量和可靠性，以便更好地进行决策和业务运营。这包括数据采集、存储、处理和分析的各个环节，需要企业制定完善的数据管理流程和规范，并采用先进的数据存储和管理技术，确保数据的完整性和一致性。此外，企业还需要加强对数据的安全性和隐私保护，确保数据不被泄露和滥用。大数据时代要求企业具备创新的能力，以应对不断变化的市场和竞争环境。在这个充满不确定性的时代，企业需要不断探索和运用新的数据分析技术和工具，以获取更多的商业洞察和竞争优势。企业需要关注市场趋势和客户需求的变化，及时调整自身的业务战略和运营模式，以适应市场的变化。同时，企业还需要不断探索新的商业机会和创新领域，运用大数据技术挖掘潜在的市场需求和增长空间。企业管理者还需要注意到大数据时代的竞争环境变化所带来的挑战。在大数据时代，竞争对手之间的数据流动变得更加频繁和透明，企业需要加强对竞争对手的关注和分析，以便更好地了解其战略动向和市场地位。同时，企业还需要注重与合作伙伴之间的数据共享和合作，共同挖掘市场的潜力和机会。

三、大数据对企业管理的影响

（一）大数据如何改变企业管理模式

传统的企业管理模式主要依赖于人工管理和经验判断，而大数据的出现改变了这一现状。大数据技术能够收集和分析大量的数据，为企业提供更加准确、全面的信息，帮助企业做出更加科学、合理的决策。具体来说，大数据对企业管理模式的影响主要体现在以下几个方面：

1.决策支持：大数据时代，数据的数量和质量已经成为企业决策的重要依据。在这样的背景下，大数据为企业决策者提供了更加全面、准确的数据支持，使得他们能够做出更加科学、合理的决策。大数据具有庞大的数据规模和多元化的数据来源，可以为企业提供更全面、更准确的市场信息和竞争情报。通过对海量数据的分析，企业可以深入了解市场需求和消费者行为，从而制定更加符合市场需求和消费者偏好的产品和服务。这样，企业就可以在激烈的市场竞争中抢占先机，实现产品创新和业务拓展。大数据还可以帮助企业挖掘隐藏在数据背后的规律和趋势，发现新的商业机会和商业模式。通过对数据的深入分析和挖掘，企业可以找到潜在的市场空白和消费者需求，从而制定更加具有针对性的战略和策略。这不仅可以提高企业的竞争力和盈利能力，还可以推动整个行业的创新和发展。大数据的分析结果可以为决策者提供直观、清晰的数据呈现，帮助他们更好地理解和掌握市场和业务状况，从而做出更加明智的决策。在大数据的支持下，企业决策者可以更加精准地把握市场动态和消费者需求，及时调整战略和策略，实现业务增长和持续发展。

2. 精细化运营：大数据时代的到来，为企业精细化运营提供了前所未有的机遇。通过大数据分析，企业可以更好地了解市场需求和消费者行为，提高生产效率和管理水平，实现精细化运营。大数据可以帮助企业实现销售数据的精细化管理。通过对销售数据的分析，企业可以了解不同产品的销售情况、市场占有率以及消费者购买行为等信息。这样，企业就可以制定更加精准的营销策略和销售计划，提高销售效率和利润率。大数据还可以帮助企业实现库存管理的精细化。通过对库存数据的分析，企业可以了解库存状况、库存周转率以及库存成本等信息。这样，企业就可以制定更加合理的生产计划和采购策略，降低库存成本和资金占用成本，提高企业的运营效率和管理水平。大数据还可以帮助企业实现客户管理的精细化。通过对客户数据的分析，企业可以了解客户的需求、偏好、行为以及满意度等信息。这样，企业就可以制定更加个性化的产品和服务策略，提高客户满意度和忠诚度，实现客户关系的长期稳定发展。

3. 创新驱动：大数据时代的到来，为企业管理提供了新的创新思路和方法。大数据不仅可以为企业提供全面、准确的数据支持，帮助企业实现精细化运营，还可以为企业管理提供新的创新动力和发展机遇。大数据可以帮助企业发现新的商业机会和商业模式。通过对大数据的分析，企业可以找到新的市场空白和消费者需求，从而开拓新的市场和领域。同时，大数据还可以帮助企业发现潜在的风险和问题，及时采取措施加以解决。这样，企业就可以在激烈的市场竞争中抢占先机，实现业务拓展和创新发展。大数据还可以帮助企业提高生产效率和管理水平。通过对生产数据的分析，企业可以了解生产过程中的瓶颈和问题，从而制定更加合理的生产计划和质量控制措施。同时，大数据还可以帮助企业实现管理流程的优化和自动化，提高管理效率和管理水平。最后，大数据还可以为企业提供更加精准的市场预测和分析。通过对市场数据的分析，企业可以了解市场的变化趋势和消费者需求的变化情况。这样，企业就可以及时调整战略和策略，制定更加具有针对性和实效性的市场推广计划和产品。

（二）大数据在企业管理中的应用案例分析

大数据作为一种重要的工具和资源，在企业管理中发挥着越来越重要的作用。它不仅可以为企业提供更加全面、准确的数据支持，还可以帮助企业提高决策的科学性和准确性，实现精细化运营和创新驱动。下面，将通过几个具体的案例来探讨大数据在企业管理中的应用。

案例一：阿里巴巴的大数据应用

阿里巴巴作为一家全球知名的电商平台，每天都会产生大量的用户购物行为数据。通过大数据分析，阿里巴巴能够深入挖掘这些数据，了解用户的购物习惯和偏好。例如，通过对用户的浏览、收藏、购买等行为进行分析，阿里巴巴能够为每位用户提供更加精准的推荐和广告投放。这种个性化的服务能够提高用户的满意度和转化率，同时也能够提高广告主的投入回报率。除了推荐和广告投放，阿里巴巴的大数据还能够应用于风险管理、供应链管理、物流配送等多个领域。例如，通过对用户的购买行为和信用状况进行分析，阿里巴巴可以提前预测并防范欺诈风险；通过对供应链数据的分析，阿里巴巴可以优化库存和物流策略，提高物流效率和客户满意度。

案例二：腾讯的大数据应用

腾讯作为一家社交巨头，其大数据的应用场景也非常广泛。通过大数据分析，腾讯能够深入挖掘用户的社交行为和关系网络，为用户提供更加个性化和智能化的产品和服务。例如，通过对用户的在线时长、活跃度、互动频率等数据进行挖掘和分析，腾讯能够为每位用户提供更加精准的游戏推荐和社交互动；同时，通过分析用户的兴趣爱好和行为习惯，腾讯还能够为广告主提供更加精准的广告投放和营销策略。除了为用户提供个性化服务，腾讯的大数据还能够应用于产品研发、客户服务等多个领域。例如，通过对用户反馈和投诉数据的分析，腾讯可以深入了解用户的需求和反馈，及时调整产品和服务策略；通过对游戏数据的分析，腾讯还可以优化游戏开发和运营策略，提高游戏品质和用户满意度。

案例三：亚马逊的大数据应用

作为全球最大的在线零售商，亚马逊对大数据的应用堪称经典。通过大数据分析，亚马逊能够对库存、销售和客户反馈等信息进行深入挖掘和优化。例如，通过对销售数据的分析，亚马逊可以预测商品的需求量和库存周期，优化库存管理；通过对客户反馈的分析，亚马逊可以了解客户的购物习惯和偏好，从而优化产品设计和功能改进。

此外，亚马逊的大数据还能够应用于物流配送、市场营销等多个领域。通过优化物流配送策略，亚马逊可以提高物流效率和客户满意度；通过精准的市场营销策略，亚马逊可以提高销售额和品牌影响力。

以上三个案例都充分说明了大数据在企业管理中的重要作用。通过大数据的分析和应用，企业可以提高决策的科学性和准确性，实现精细化运营和创新驱动，提高市场竞争力和可持续发展能力。在未来的发展中，大数据将扮演越来越重要的角色，成为企业发展的重要驱动力。因此，企业应该加强对大数据的重视和应用，挖掘数据的价值，为企业的可持续发展贡献力量。

（三）大数据对企业组织结构的影响

在当今这个信息化、数字化飞速发展的时代，大数据作为一种具有革命性意义的技术创新，正以前所未有的速度渗透到社会生产的各个领域，对企业的发展产生了深远的影响。其中，对企业组织结构的影响尤为显著。大数据的出现，使得传统的企业组织结构面临着前所未有的挑战，也带来了创新的机遇。需要明确的是，传统的企业组织结构通常是层级式的。这种组织结构在工业时代具有较高的稳定性，能够有效地进行资源配置和风险控制。然而，随着市场经济的发展和竞争的加剧，层级式组织结构的弊端日益显现，如信息传递速度慢、决策效率低、员工参与度低等。这些问题严重制约了企业的创新能力和市场适应能力。而大数据的应用，使得企业的组织结构逐渐向扁平化、网络化转变。扁平化组织结构是指通过减少管理层级和中间环节，使得企业内部的信息传递更加迅速，决策效率更高。网络化组织结构则是指通过信息技术手段,打破部门之间的界限和隔阂,实现跨部门的信息共享和协同工作。这两种组织结构的特点是信息传递速度快、决策效率高、员工参与度高,能够更好地适应市场的变化和客户需求的变化。具体来说,大数据对企业组织结构的影响主要体现在以下几个方面:

1. 扁平化:层级式组织结构通常存在信息传递速度慢、决策效率低的问题。而大数据的应用可以让企业更加扁平化,减少管理层级和中间环节,提高决策效率和反应速度。在这种组织结构下,企业领导者能够更加直接地了解市场和客户的需求,迅速作出反应,提高企业的竞争力。

2. 网络化:传统的组织结构通常是垂直的、线性的,而大数据的应用可以让企业更加网络化,打破部门之间的界限和隔阂,实现跨部门的信息共享和协同工作。这可以提高工作效率和质量,降低内耗和成本。例如,通过大数据技术,企业可以实现供应链的优化,提高生产效率,降低库存成本。

3. 员工参与度:大数据的应用可以让员工更加积极地参与到企业的决策和管理中来。通过数据分析,企业可以更好地了解员工的需求和意见,制定更加符合员工利益的政策和制度,提高员工的工作积极性和满意度。同时,员工也可以通过大数据技术,实时了解企业的运营状况和市场动态,提高自身的职业素养和竞争力。

4. 组织变革:大数据的应用使得企业组织结构的变化成为一个动态的

过程。企业可以根据市场和业务的发展，调整组织结构，提高组织的适应性和创新能力。例如，在项目制组织结构中，企业可以根据项目的需求，组建跨部门的项目团队，实现资源的优化配置。

5. 企业文化和价值观的传承：大数据的应用可以让企业更好地传承企业文化和发展价值观。通过大数据技术，企业可以对员工的行为和态度进行实时监测和分析，确保员工的行为符合企业的文化和价值观。同时，企业也可以通过大数据技术，对客户的需求和满意度进行实时分析，以确保企业的产品和服务符合市场需求。

第二章　大数据与企业战略

一、大数据对企业战略的重要性

在当今信息时代，大数据已经成为企业成功的关键因素之一。企业战略的制定和执行需要依赖于充足、准确的信息，而大数据以其庞大的规模和多元的来源，能够提供企业所需的量化和详尽的信息支持。因此，大数据在企业战略中担任着至关重要的角色。

（一）大数据在企业战略规划中的作用

大数据在企业战略规划中的作用首先体现在其能够提供深入洞察和全面分析的能力。传统的数据分析方法往往只能提供有限的数据样本，并不能全面地了解市场和竞争态势。然而，大数据技术使得企业能够从各种渠道和来源收集大量的数据，包括内部数据、外部数据、社交媒体数据等。通过对这些数据进行加工和分析，企业可以获取更全面、精准的信息，从而对市场趋势、消费者需求以及竞争态势进行更准确的预测和分析。这使得企业能够在制定战略时更有信心，更加全面地考虑各种因素，从而制定出更为科学和有效的战略。大数据还能帮助企业发现隐藏在数据背后的模式和规律，从而为企业提供新的商机和创新思路。大数据分析可以将大量的数据进行挖掘和分析，通过数据挖掘、机器学习、人工智能等技术，能够识别出数据中的关联规则、趋势和模式。企业可以通过对这些模式和规律的发现，找到之前未被发现的商业机会。同时，企业还可以根据大数据的分析结果来创新产品和服务，满足消费者的需求，提供更好的用户体验。例如，通过对用户行为数据的分析，企业可以了解消费者购买的偏好和需求，根据这些信息来推出更加符合消费者口味和需求的产品和服务，从而提高企业的竞争力和市场份额。除了提供深入洞察和发现新的商机外，大数据还能帮助企业优化决策过程并提高决策的准确性。传统的决策往往依赖人工的经验和直觉，容易受到主观因素的影响，从而可能出现错误的决策。而借助大数据分析，企业可以更加客观地了解市场和用户需求，通过分析数据得出的结论能够更加准确地反映市场的实际情况。企业可以利用大数据分析的结果来制定更为科学和准确的决策，从而降低决策的风险，提高企业的竞争力和盈利能力。此外，大数据还可以帮助企业实时监测和调整战略。传统的战略规划一般是长期性的，一旦制定，往往难以进行及时修改。然而，市场变化的速度越来越快，一些战略可能很快就会面临适应性和有效性的问题。而借助大数据分析，企业可以实时地监测市场变化、竞争态势和消费者需求，及时调整战略，适应市场的变化，保持竞争优势。通过大数据分析，企业可以实时了解市场的动态，通过数据驱动的决策来制定和调整战略，从而在市场竞争中占据更有优势的位置。最后，大数据还可以帮助企业提高运营效率和降低成本。通过对大数据的分析，企业可以发现并解决内部流程和效率上的问题，从而提高企业的运营效率。例如，通过对供应链数据的分析，企业可以优化供应链的管理和协调，降低库存成本和运输成本，提高产品的供应能力。此外，借助大数据分析，企业还可以实时监控生产线和设备的状态，及时发现异常并进行维修，减少生产线的故障和停机时间，提高生产效率和降低生产成本。

（二）大数据对企业竞争优势的影响

大数据作为一种具有革命性的技术手段，正日益深刻地改变着各个行业和企业的运营方式和思维模式。大数据对企业竞争优势的影响主要表现在下面几个方面，同时也是企业通过大数据分析能够实现持续发展、保持市场领先地位的关键所在。第一，大数据能够显著提高企业的市场竞争力。市场竞争力是企业在激烈的市场竞争中能否脱颖而出的关键，而大数据则为企业提供了深入了解市场和竞争对手的途径。通过分析大数据，企业可以更好地了解市场需求、消费者行为、竞争对手的策略和行业趋势，从而及时调整自身的营销和销售策略，制定出更具针对性和实效性的市场战略。例如，通过大数据分析，企业可以发现目标客户群体的特征和需求，实现精准营销，提高市场推广的效果；同时，也可以监测和分析竞争对手的市场表现，找出其弱点，制定出更具竞争力的策略。第二，大数据还能够帮助企业发现和预测消费者需求的变化。市场需求是企业生产和经营的根本，而消费者需求又是市场需求的直接体现。在大数据时代，企业可以通过收集和分析大量的消费者数据，如消费行为、消费习惯、口碑评价等，来实现对消费者需求的准确把握。在此基础上，企业可以提前布局和满足市场需求，赢得更多的市场份额。例如，通过对电商平台的大数据分析，企业可以预测出下一季度的流行趋势，提前安排生产和库存，从而满足市场需求，抢占市场先机。第三，大数据可以显著加强企业的运营效率。运营效率是企业降低成本、提高盈利能力的关键，而大数据分析则为企业提供了一种发现和解决运营问题的有效手段。通过对企业生产和运营过程中的数据进行挖掘和分析，大数据可以帮助企业发现生产和运营过程中的瓶颈和问题，并提出相应的改进方案。例如，在生产环节，大数据可以优化生产流程，提高生产效率；在供应链环节，大数据可以实现供应链管理的精细化，通过准确预测需求和优化物流，提高供应链的效率和灵活性。这样一来，企业可以在降低成本的同时，提高产品和服务的质量，提升企业的竞争力。最后，大数据可以有效促进企业的创新和产品优化。创新是企业发展的重要驱动力，产品优化则是提升产品竞争力的关键。通过对大数据进行分析，企业可以发现新的商业机会和消费者需求，从而开发出符合市场需求的新产品。例如，通过对市场和消费者数据的分析，企业可以发现消费者的潜在需求，从而研发出符合这些需求的新产品，开拓新的市场空间。此外，大数据还可以帮助企业对现有产品进行优化，提供更好的用户体验，增强产品竞争力。例如，通过对用户使用分析，企业可以找出产品的不足之处，从而对产品进行改进和优化，提升用户体验，增强产品的市场竞争力。

（三）大数据与企业战略决策的关系

大数据与企业战略决策之间的紧密关系不容忽视。大数据为企业提供了基于事实和数量化数据的决策依据，有助于消除传统决策所存在的主观性和不确定性。相比于仅凭经验和直觉做出决策，通过对大数据的分析，企业可以获得更加客观和准确的信息，从而使决策者能够做出更明智的决策。第一，大数据分析在战略决策中扮演着重要角色。在制定战略和规划企业发展方向时，管理层需要了解市场和客户的需求、竞争环境以及内外部因素对企业发展的影响。这些信息都可以通过对大数据的分析得到。例如，企业可以通过分析大数据了解客户偏好、购买习惯和生命周期价值，进而制定更有针对性的营销策略。此外，通过对市场趋势和竞争对手的数据进行分析，企业可以及时调整和优化产品和服务，以满足市场需求，增强竞争力。第二，大数据分析可以帮助企业进行战略风险评估和预测。在制定战略时，企业需要考虑潜在的风险和不确定性，以便制定相应的风险管理和防范措施。通过对大数据进行深入分析，企业可以识别潜在的风险因素，如市场变化、政策调整、技术创新等，并预测其潜在影响。例如，通过分析大数据，一家零售企业可以发现某一产品的销售量和利润率下降，从而意识到可能存在着竞争压力或市场饱和的风险。在制定战略时，企业可以考虑到这些风险因素，采取相应的对策，从而降低企业面临的风险和不确定性。第三，大数据对于企业的战略决策还具有预测能力。通过对大数据的分析，企业可以识别出消费趋势和行业变化的迹象，从而为未来的战略规划提供参考。例如，通过分析社交媒体数据可以得知消费者对某种产品或服务的态度和需求，而这些信息对企业来说是非常宝贵的战略决策参考。第四，大数据分析可以揭示出隐藏在数据背后的规律和关联，为企业提供决策时的思路和创新灵感。通过深入研究大数据，企业可以发现新的商机和增长点，进而调整战略和投资方向，实现持续发展。然而，要实现大数据与企业战略决策的有机结合，企业需要具备相应的能力和条件。首先，企业需要建立完善的数据收集和存储体系，确保数据的及时性、准确性和完整性。其次，企业需要拥有高素质的数据分析人员，能够运用各种先进的数据分析工具和方法，对大数据进行深入挖掘和分析。最后，企业还需要具备灵活的决策机制和组织文化，能够及时将大数据的分析结果转化为实际行动，并将其融入决策过程中。

二、大数据驱动的企业战略制定

（一）大数据在市场趋势预测中的应用

在市场趋势预测中，大数据的应用对于企业制定战略起着至关重要的作用。通过利用大数据，企业可以获取并分析大量的数据，从而更准确地预测市场趋势。大数据分析可以帮助企业了解消费者的需求和喜好。通过分析社交媒体平台上的数据，企业可以了解消费者对产品或品牌的态度和反馈。通过对用户在社交媒体上发布的内容进行情感分析，企业可以了解消费者对产品的评价是正面的还是负面的，进而调整产品的品牌形象和推广策略。例如，苹果公司在推出新产品时经常监测社交媒体上对其产品的讨论，以便了解用户的反馈和需求，从而不断改进和优化产品。大数据还可以预测产品和服务的需求量。通过分析消费者的行为数据和购买记录，企业可以预测不同产品或服务在不同时间段的需求情况，从而制定相应的市场推广策略。例如，亚马逊利用大数据分析了消费者的购买行为、浏览记录和点击率等数据，通过个性化的推荐系统向消费者展示他们可能感兴趣的产品，从而提高销售量和客户满意度。另外，大数据还可以帮助企业了解用户的行为习惯和购买偏好。企业可以通过分析用户日志数据，了解用户在网站上的访问行为、点击行为以及购买行为等。通过对这些数据进行挖掘和分析，企业可以更好地了解消费者的需求和偏好，进而调整产品设计和供应链管理。例如，零售业的企业可以通过分析顾客的购买行为，了解哪些产品的销量较好，从而决定补充库存和调整商品陈列的策略。大数据还可以帮助企业做出合理的决策。通过对大数据的分析，企业可以更好地了解市场趋势，从而预测未来的市场走向。在制定营销计划和企业战略时，企业可以根据大数据分析的结果进行决策，从而提高决策的准确性和合理性。例如，银行业可以通过对经济数据和金融市场行情的分析，预测未来的经济走势和利率波动情况，从而制定合理的贷款政策和投资策略。然而，要充分发挥大数据在市场趋势预测中的应用，企业还需要面临一些挑战和问题。首先，大数据的获取和处理需要大量的时间、资源和技术。企业需要投入大量的资金和人力来搭建和维护大数据平台，从而能够收集、存储和分析大量的数据。其次，大数据的分析和挖掘也需要专业的技术和算法支持。企业需要培养和招聘一支专业的数据分析团队，以便能够对大数据进行有效的挖掘和分析。此外，大数据的隐私和安全问题也是企业应用大数据面临的重要问题。企业需要确保对用户数据的隐私保护并采取有效的数据安全措施，以避免数据泄露和滥用。

（二）基于大数据的企业 SWOT 分析

大数据的应用使得企业在进行 SWOT 分析时更加准确和全面。通过对大数据的分析，企业可以深入了解自身的优势和劣势。一个企业要在市场上立足，首先需要了解自身产品或服务的竞争优势和不足之处。大数据分析可以帮助企业收集并分析销售数据和市场调研数据，从而得出产品或服务的市场份额、市场需求、市场反馈等信息。通过这些数据的分析，企业可以清楚地了解自身在市场中的竞争地位、优势和劣势所在，以便制定相应的战略。例如，一家企业可以通过大数据分析发现自己的产品在某一特定市场中颇受欢迎，销售量较高，市场份额领先于竞争对手，这就是该企业的竞争优势。然而，通过大数据的分析也可以发现自身产品的不足之处，比如价格太高、功能不够完善等，这就是本企业的劣势。有了这些分析结果，企业可以及时调整和改进产品策略，从而提升市场竞争力。同时，大数据的应用还可以帮助企业了解竞争对手的优势和劣势。在充分了解自身的优势和劣势之后，企业还需要对竞争对手进行深入分析。通过对竞争对手的数据进行分析，企业可以了解他们的市场份额、产品线、服务质量等方面的信息。对竞争对手的深入了解可以帮助企业找到自己与竞争对手相比的优势和劣势。例如，一家企业通过大数据分析发现与竞争对手相比，自己在某一市场中产品质量更高，价格更具竞争力，这就是该企业的优势。而竞争对手在某一市场中的市场份额较高，品牌知名度较高，这就是竞争对手的优势。有了这些分析结果，企业可以制定相应的战略，发挥自身的优势，克服劣势，与竞争对手展开有针对性的竞争。除了了解企业自身的优势和劣势，大数据的应用还可以帮助企业发现新的机会和威胁。市场是不断变化的，企业需要能够及时发现并适应市场变化。通过对大数据的分析，企业可以了解市场的潜力、市场的新兴产业、消费者行为等信息，从而发现新的市场机会。例如，一家企业通过大数据分析发现某一市场中的消费者需求量大，在市场中不存在满足这些需求的产品，这就是一个新的市场机会。企业可以抓住这个机会，调整产品策略，满足消费者需求，获取竞争优势。此外，大数据的分析还可以帮助企业了解市场的竞争态势和威胁。通过分析竞争对手的数据，企业可以了解竞争对手的产品策略、市场份额、品牌影响力等信息，从而了解市场的竞争态势和自身面临的市场威胁。有了这些信息，企业可以制定相应的策略，抢占市场份额，避免市场威胁。

（三）大数据驱动的企业战略实施流程

在当今这个信息化迅猛发展的时代，大数据已经成为企业战略决策的重要驱动力。大数据驱动的企业战略实施流程，是一套科学、系统的决策过程，它将数据的收集、分析、预测和实施紧密结合，形成了一个完整的循环，为企业的发展提供了强大的支持。首先，数据收集和整理是整个流程的起点，也是基础。企业需要从内部各部门和外部市场调研、竞争对手分析等多个渠道，广泛收集各类数据。这些数据包括企业运营数据、市场信息、消费者行为、政策法规等，涵盖了企业的各个方面。对数据的收集和整理，企业需要建立一套完善的数据管理体系，确保数据的准确性、完整性和及时性。接下来，数据分析和建模是整个流程的核心环节。企业需要运用统计分析、数据挖掘、机器学习等先进技术，对收集到的数据进行深入分析，挖掘出数据背后的潜在模式和规律。这一步骤，需要企业具备强大的数据分析能力，包括专业的人才、先进的工具和丰富的经验。通过数据分析，企业可以对市场、竞争对手、消费者等有更深入的了解，为战略制定提供有力支持。在此基础上，市场趋势预测和战略制定成为企业决策的关键。企业需要根据数据分析的结果，对市场趋势进行准确预测，并据此制定出切实可行的战略。这些战略包括但不限于产品开发、市场推广、供应链管理等方面。在这一过程中，企业需要充分考虑自身的优势和劣势，以及外部环境的机会和威胁，确保战略的实施能够真正推动企业的发展。最后，战略实施和监控是确保战略落地的重要环节。企业需要将战略付诸实践，并在实施过程中进行持续的监控和评估。监控的目的是确保战略的执行情况符合预期，及时发现并解决问题。同时，企业还需要根据市场的变化，对战略进行相应的调整和优化，确保战略的长期有效性。然而，大数据驱动的企业战略实施流程，并非一蹴而就。它需要企业从文化、组织、技术等多方面进行改革和创新，企业需要建立一种数据驱动的文化，让数据分析成为企业决策的默认方式。同时，企业还需要构建一种支持数据分析的组织结构，确保数据能够在企业内部自由流动。在技术层面，企业需要投资大数据技术，提升数据分析的能力和效率。此外，企业还需要在人才、流程、制度等方面进行优化。企业需要培养一支专业的大数据团队，包括数据科学家、数据分析师等。同时，企业还需要建立一套完善的数据流程，确保数据从收集、分析到实施的全过程都能高效运行。此外，企业还需要制定相应的数据制度，确保数据的安全、合规使用。

三、大数据在企业战略实施中的作用

（一）大数据如何优化企业资源配置

大数据的应用正在改变着企业的运营模式，使得企业能够更准确地了解市场需求和资源情况，从而优化资源配置。这一变化不仅影响了企业的生产决策，也为企业提供了新的发展机遇。大数据的分析使得企业能够更准确地了解不同地区、不同时段的市场需求。通过对大数据的深入分析，企业可以了解到各个地区的市场潜力、消费习惯、消费水平等信息，从而根据这些信息制定更精确的生产和销售计划。同时，大数据还可以帮助企业了解不同时段的消费者需求变化，如季节性、节假日等特殊时间的需求波动，以此调整生产和库存水平，减少浪费，提高资源利用效率。大数据的应用还能帮助企业识别出当前资源配置中存在的短缺和浪费问题。通过对海量数据的分析，企业可以发现资源使用中的不均衡现象，例如某些地区的资源过度使用，而其他地区则资源不足。这些发现可以帮助企业及时进行调整，优化资源配置，提高资源的使用效率。同时，大数据还可以帮助企业识别出资源的浪费问题，如库存积压、生产过程中的无效操作等，从而采取措施进行改进，降低成本。此外，大数据的分析还可以帮助企业准确预测市场走势和竞争对手的动态。通过对大数据的深入挖掘，企业可以建立更准确的市场预测模型，提前感知市场变化，及时调整资源配置策略，保持企业的竞争力。例如，企业可以利用大数据分析市场趋势，预测未来的产品需求，以此调整生产和库存计划。同时，通过分析竞争对手的营销策略、产品特点、市场占有率等信息，企业可以更准确地了解竞争对手的优势和劣势，制定相应的应对策略。大数据的应用还能帮助企业发现市场中的潜在机会和需求空缺。通过对大数据的深入分析，企业可以发现市场中的未满足需求和潜在机会，从而调整资源配置，开发新的产品和服务，获得市场份额的增长。例如，企业可以利用大数据分析消费者的购买行为、消费习惯等信息，发现潜在的市场需求和未被满足的消费者痛点，以此开发新的产品和服务，抢占市场先机。

（二）大数据在风险管理中的应用

大数据作为一种具有革命性的技术手段，已经渗透到了社会经济的各个领域，对企业的运营管理产生了深远影响。特别是在风险管理这一重要领域，大数据的应用不仅极大地提高了企业风险管理的效率效果，还为企业带来了前所未有的机遇。通过对大数据进行全面的分析，企业可以及时掌握市场变化、消费者行为和供应链等信息，实现对各种风险的有效预测和规避。这一应用趋势，无疑将为企业的长远发展提供有力的保障。在金融行业，大数据的应用已经取得了显著的成果。以银行业为例，通过对大数据的深入挖掘和分析，银行可以更准确地评估借款人的信用风险，为信贷决策提供有力的数据支持。具体来说，可以借助大数据技术，综合分析借款人的个人信息、消费记录、社交数据等多方面的信息，从而全面了解借款人的信用状况。这种全方位、多维度的分析方法，相比于传统的信用评估方式，无疑更具优势。一方面，它可以提高评估的准确性，降低坏账率和不良贷款风险；另一方面，它还可以缩短评估时间，提高信贷审批效率，从而提升银行的竞争力。此外，在金融行业的风险管理中，大数据还可以用于监测市场风险、流动性风险、操作风险等。通过对市场数据的实时监控和分析，银行可以及时发现市场波动和潜在风险，从而制定出更为科学、合理的风险应对策略。同样，在防范流动性风险方面，大数据技术可以通过对资金流动的实时监控，帮助银行预测和防范可能的流动性危机。在操作风险方面，大数据的应用可以提高银行的内部控制水平，通过对各类业务数据的分析，发现潜在的操作漏洞，防患于未然。

除了金融行业，大数据在生产和供应链管理中的应用也具有重要意义。在生产过程中，企业可以借助大数据技术，实时收集和分析生产设备的数据，了解设备的运行状况，预测设备故障的可能性，从而提前进行维护和更换，降低生产中断的风险。同时，通过对生产数据的分析，企业还可以优化生产流程，提高生产效率，降低生产成本。在供应链管理方面，大数据的应用可以帮助企业准确预测原材料的需求和供应情况。通过对供应链各环节的数据进行实时监控和分析，企业可以及时了解供应商的产能、库存状况以及物流运输情况，从而合理安排采购计划，避免供应链中断或原材料的风险。此外，大数据技术还可以帮助企业发现供应链中的瓶颈和问题，推动供应链的优化和升级，提高整体供应链的运作效率和稳定性。

（三）大数据与企业战略调整的结合

大数据可以为企业的战略调整提供有力支持。通过深入分析大数据，企业能够全面了解市场的变化趋势以及竞争对手的动态情况，从而能够及时地对企业战略进行调整和优化。举例来说，在销售和市场营销方面，通过对大数据的充分分析，企业可以准确地了解客户的需求和偏好，从而能够有针对性地调整产品的定位、制定市场营销策略以及选择合适的渠道。此外，大数据分析还有助于企业识别市场中的新兴趋势和机会，从而能够及时地进行战略调整，开发创新的产品和服务，以保持企业的竞争力。通过对大数据的全面分析，企业可以及时获取市场的反馈和消费者的意见，从而能够优化产品的设计和提升服务的质量，更好地满足客户的需求。在企业进行战略调整的过程中，大数据的应用还可以为战略决策提供可靠的依据。通过对大数据进行综合分析，企业可以准确评估不同战略方案的风险和收益，从而能够选择最佳的战略方向。大数据的分析结果能够为企业决策者们提供有关不同战略方案预期结果的信息，以便他们能够做出明智的决策。这样，大数据不仅可以提供更准确的市场信息，还可以帮助企业降低决策风险，并促使企业在竞争激烈的市场环境中获得更大的成功。

然而，在实际应用中，企业在利用大数据进行战略调整时也会面临一些挑战。其中一个挑战是获得高质量的数据。企业要获得可靠的大数据，需要将各种数据来源进行整合。这要求企业拥有强大的数据采集和数据整合能力，以确保数据的准确性和完整性。此外，保护和处理大数据也需要企业拥有一定的技术和管理能力。因此，企业需要充分意识到这些挑战，并有针对性地解决这些问题，才能更好地利用大数据进行战略调整。在大数据与企业战略调整结合的过程中，还需要注意数据的隐私和安全问题。由于大数据涉及的数据量庞大和数据来源多样，其中可能涉及涉密信息或个人隐私。因此，企业需要加强数据安全保护，确保大数据的使用合乎法律要求，并保护用户的隐私和个人信息。在这方面，企业需要制定相应的数据隐私政策，并采取必要的技术和管理措施，以防止数据泄露和滥用。

第三章　大数据对企业决策的赋能

一、大数据在企业决策中的应用场景

（一）销售数据的分析与预测

在企业决策中，销售数据的分析与预测是大数据的一个重要应用场景。通过收集和分析海量的销售数据，企业可以深入了解销售趋势、客户行为和市场需求，从而制定更加准确和有效的销售策略。通过对销售数据的分析，企业可以发现产品的热销趋势和滞销趋势，进而调整产品的生产和销售策略。例如，企业可以通过对销售额的变化趋势进行分析，发现某个产品在某个地区的销售额持续增长。这时，企业可以采取相应的措施，例如加大该地区的市场推广力度，提高产品的知名度和曝光度，同时增加该产品的产量以满足市场需求。反之，如果某个产品在某个地区的销售额不断下降，企业可以考虑减少该地区的产量或者停止对该地区的市场投入，以避免库存过剩和资金浪费。除了对销售数据的分析，大数据还可以帮助企业进行销售预测。通过分析历史销售数据、市场趋势和竞争对手情况，企业可以对未来的销售情况进行预测。这样一来，企业可以提前调整生产计划、采购原材料和制定销售策略，从而更好地满足市场需求，减少库存积压和资金占用。对于销售预测来说，历史销售数据是非常重要的依据。企业可以通过分析历史的销售数据，例如产品销售额的季节性变化、增长周期和消费者行为的规律等，来预测未来的销售趋势。同时，市场趋势也是一个重要的参考因素。通过关注市场的变化、竞争对手的动态和消费者的偏好，企业可以更准确地预测销售情况，并及时调整销售策略。在销售数据的分析和预测过程中，大数据技术发挥了重要的作用。大数据技术可以快速处理和分析海量的销售数据，并从中提取出有价值的信息。同时，大数据技术还可以应用各种算法和模型来进行销售预测，例如时间序列分析、回归分析和机器学习等。这些方法可以有效地利用历史数据和市场趋势来预测未来的销售情况，并帮助企业制定相应的计划和策略。值得一提的是，销售数据的分析和预测不仅在传统零售行业中适用，也在电子商务和在线销售等新兴行业中发挥着重要作用。在电子商务领域，企业可以通过分析用户的浏览和购买行为，来了解用户的偏好和需求，从而优化产品推荐和个性化营销策略。同时，大数据技术还可以应用在在线广告和电子商务平台的运营中，通过分析点击率、转化率和购买行为等指标，来评估广告效果和产品销售情况，并做出相应的调整和优化。

（二）供应链管理的优化决策

在供应链管理中，大数据技术的应用可以帮助企业进行优化决策。供应链管理是指企业在从原材料采购到产品销售的整个过程中，对供应商、制造商、物流服务商等各个环节进行协调和管理，以提高供应链的效率和降低成本。通过利用大数据技术，企业可以对供应链中的各个环节进行数据分析和挖掘，找到潜在的问题和瓶颈，从而制定相应的优化策略。通过实时监控和分析供应链中各个节点的库存、运输时间和供应能力等数据，企业可以及时发现物流延迟、缺货等问题。以往，企业对供应链中的问题往往是事后发现，对问题的解决也往往是被动的。而利用大数据技术，企业可以通过对实时数据的监控和分析，快速发现问题并迅速采取措施进行处理，从而大大提高供应链的响应速度和灵活性。举个例子，某企业通过实时监控仓库库存和销售数据，发现某款产品的销量突然上升，这可能意味着该款产品的市场需求正在增加。企业可以根据这一发现，及时增加该产品的采购和生产计划，以满足市场的需求，避免出现缺货或滞销的问题。利用大数据技术还可以对供应链中的各个环节进行预测和优化。企业可以通过分析历史数据和市场趋势，预测未来的需求和采购量。根据这些预测结果，企业可以合理安排原材料的采购和生产计划，避免因过量采购或生产导致的库存积压和资金占用。举个例子，某企业经过分析历史销售数据和市场趋势，预测到某款产品在未来的一个季度内的销量将会增加。为了避免因库存积压而造成资金损失，企业可以提前与供应商沟通，并根据预测数据合理调整原材料的采购数量，以便及时满足未来市场的需求。除了对供应链中的问题进行预测和优化，大数据技术还可以帮助企业优化供应商的选择和合作。通过对供应商的信用、供货能力、交货时间等数据进行分析和比较，企业可以确定最合适的供应商，并与其建立长期稳定的合作关系。举个例子，某企业通过对多个供应商的数据进行分析，发现某个供应商的交货时间始终得到及时保障，质量也较为稳定。企业可以根据这些数据，选择该供应商作为长期合作伙伴，并与其建立起长期稳定的合作关系，以确保供应链的稳定和可靠性。

（三）客户满意度的数据驱动决策

将大数据应用于客户满意度的数据驱动决策，已经成为企业提升服务品质、优化客户关系、增强市场竞争力的重要手段。客户满意度，简而言之，就是客户对企业的产品和服务所给予的满意程度的评价。这一评价，既包含了客户对企业产品和服务质量的主观感受，也反映了客户对企业整体形象的客观评价。显而易见，客户满意度是衡量企业服务质量和客户关系的重要指标，对企业的持续发展和竞争力产生影响。因此，企业要想在激烈的市场竞争中立于不败之地，就必须高度重视客户满意度的调查和分析，以此推动企业的决策制定和业务发展。在大数据的帮助下，企业可以全面、深入地了解客户的消费行为和心理需求。通过对客户的交易记录、消费习惯和评价反馈等数据的深入分析，企业可以精准地捕捉到客户的需求和偏好，从而制定更加个性化和精准的营销策略和服务方案。比如，企业可以根据客户的购买和消费习惯，向其推荐相关产品和促销活动，提供更好的购物体验和服务质量，从而提高客户满意度和忠诚度。同时，通过分析客户的评价和投诉记录，企业可以发现客户不满意的问题和痛点，并及时采取措施进行改进。比如，如果有多个客户反馈产品质量存在问题，企业可以调查原因并采取相应的质量控制措施，以保证产品质量和客户满意度。在这个过程中，大数据不仅可以帮助企业发现问题，还可以为企业提供解决问题的方法和手段。在客户服务方面，大数据的应用可以使得客户关怀和维护工作更加精细化、个性化。通过收集和分析客户的个人信息、交易记录和互动行为等数据，企业可以对客户进行细分和分类，并制定相应的服务策略。比如，对于高价值客户，企业可以提供 VIP 服务和定制化产品，以满足其特殊需求和期待；对于新客户，企业可以通过推荐和优惠等方式吸引其再次购买，以培养其对企业的信任和忠诚；对于潜在客户，企业可以通过市场营销手段进行引导，提高其对企业的认知和信任度。

二、大数据对企业实时决策的促进

在当今的商业环境中，快速、准确地决策是企业成功的关键。大数据技术的发展为企业提供了实时数据分析和紧急决策支持的能力，从而使企业能够更快地响应市场变化，优化运营，提高竞争力。

（一）大数据与实时数据流分析

大数据技术的出现给企业带来了巨大的机遇和挑战，其中实时数据流分析作为大数据应用的重要组成部分，在各个行业都发挥着重要的作用。通过实时数据流分析，企业可以及时获取、处理和分析庞大的数据流，从而迅速了解当前的业务状况，发现问题，并作出相应的决策。这对于企业来说，无疑是提高效率、降低成本、增加竞争力的重要手段。以供应链管理为例，通过实时分析物流数据，企业可以及时了解库存情况和运输状况。传统的供应链管理通常依赖于人工的库存盘点和统计，这种方式无疑效率低下，容易出现错误。而通过实时分析物流数据，企业可以及时获取库存信息，了解当前的库存量、存储位置、进货周期等，从而及时调整生产计划和物流计划。比如，如果某个仓库的货物快要售罄，企业可以及时采购或调拨货物，以保证供应链的畅通。此外，通过实时分析物流数据，企业还可以了解产品运输的状况，包括运输的时间、路线、费用等信息，从而及时调整物流计划，避免出现延误或其他问题。

实时数据流分析在金融行业也发挥着重要的作用。金融行业的特点是交易频繁、数据量大、速度要求高，因此，实时分析交易数据尤为重要。通过实时分析用户交易数据，金融机构可以及时发现异常交易，防范风险。例如，在银行业务中，通过对用户的存取款记录进行实时分析，可以及时发现账户异常变动，从而及时采取相应的安全措施。在证券交易中，通过实时分析交易数据，可以及时发现异常交易行为，避免内部交易和操纵市场等违规行为。此外，实时分析交易数据还可以帮助企业更好地了解用户的投资需求和交易习惯，从而提供更加个性化的产品和服务，提高用户满意度和忠诚度。实时数据流分析在电商领域也具有重要的应用价值。电商平台通常会收集大量的用户行为数据，包括浏览历史、购买记录、收藏偏好等。通过实时分析这些用户行为数据，可以更好地理解用户的兴趣和需求，从而提供个性化的推荐服务。例如，当用户浏览某个商品页面时，电商平台可以根据实时分析的结果，及时推荐相关的商品或优惠活动，以促进用户购买意愿，提高转化率。此外，通过实时分析用户行为数据，电商企业还可以及时发现用户的投诉和意见，从而及时回应和解决问题，提升用户满意度和口碑。实时数据流分析在各个行业中具有广泛的应用前景。然而，要实现有效的实时数据流分析，并不是一件容易的事情。首先，大数据技术的应用和发展需要专业的团队和技术支持。企业需要拥有一支熟练掌握大数据技术的团队，能够快速搭建和管理大数据平台，处理和分析海量的数据。其次，数据安全和隐私保护是实时数据流分析面临的重要问题。企业需要建立完善的数据安全机制和合规体系，保护用户和企业的数据不被泄露和滥用。此外，企业还需要合理规划和管理数据，确保数据的质量和可靠性。

（二）大数据在企业紧急决策中的作用

大数据在企业紧急决策中的作用是至关重要的。在面临市场危机、安全事故等紧急情况下，企业需要迅速做出决策来减少损失或者抓住机遇。而大数据技术的广泛运用使得企业能够在紧急情况下迅速分析数据，做出明智的决策。例如当突发事件导致供应链中断时，企业需要尽快寻找替代供应商来保证供应链的稳定。在这种情况下，大数据分析可以发挥重要作用。企业可以通过分析替代供应商的数据来快速找到可信的替代供应商。大数据技术在网络安全事件中的应用也非常重要。在网络安全事件中，企业需要通过实时分析网络流量和日志数据来快速定位攻击源头，采取合适的措施防范进一步的攻击。大数据技术可以帮助企业从大量的网络数据中提取有用的信息，识别出潜在的风险，从而及时采取行动。此外，大数据技术还可以帮助企业在紧急情况下做出其他重要决策。例如，在市场危机中，企业可以通过分析大数据来了解市场趋势和消费者需求的变化，从而及时调整产品策略或者开展促销活动。在安全事故中，企业可以通过分析大数据来评估风险程度，制定相应的应急预案。在紧急情况下，大数据技术的应用可以让企业更加科学、准确地做出决策，从而降低损失，并抓住机遇。然而，要充分发挥大数据的作用，企业需要具备相关的技术和人才。企业需要建立起完善的数据采集、存储和分析体系，同时培养一支专业的数据分析团队。只有这样，企业才能在紧急情况下灵活运用大数据技术，做出明智的决策。可以预见的是，随着大数据技术的不断发展和完善，其在企业紧急决策中的作用将越来越重要。随着数据量的不断增加和数据分析技术的不断提升，大数据将为企业在紧急情况下提供更多的决策支持和创新思路。企业需要不断提升自身的数据管理和分析能力，积极应用大数据技术，以适应当前竞争激烈的市场环境。

（三）大数据支持的动态定价策略

定价策略一直是企业营销策略中的关键一环，它的调整与实施直接影响着企业的销售额和利润。在过去，传统的定价策略通常需要经过较长的时间周期进行评估和调整，而这对于快速变化的市场环境来说显然是远远不够的。然而，随着大数据技术的飞速发展，这一状况得到了根本性地改变。大数据为企业提供了实时分析市场动态、竞争对手状况、库存状况等多种因素的能力，使得企业能够根据市场变化实时调整定价策略，从而更好地满足消费者的需求，提高销售额和利润。在航空领域，大数据支持的动态定价策略发挥了重要的作用。航空公司在实时分析各类数据方面具有丰富的经验，包括实时预订数据、天气数据、航班准点率、乘客行为数据等。通过运用这些数据，航空公司可以实时调整机票价格，以吸引更多的消费者。例如，在需求较高的时间段，航空公司可以适度提高机票价格，以获取更高的利润；而在需求较低的时段，航空公司可以通过降价来吸引更多的消费者，提高上座率。这种动态定价策略不仅有助于提高航空公司的销售额和利润，还有助于提高乘客的满意度。在酒店领域，大数据支持的动态定价策略同样发挥着重要的作用。酒店通过分析实时预订数据、房价数据、竞争对手价格等数据，可以实时调整房价，以吸引更多的消费者。在淡季，酒店可以通过降价来吸引更多的消费者；而在旺季，酒店可以提高房价并适时推出优惠活动来吸引消费者。此外，酒店还可以通过数据分析来预测未来的市场需求，从而提前调整定价策略，确保收益的最大化。除了航空和酒店行业，零售业同样受益于大数据支持的动态定价策略。零售企业可以通过分析购物车数据、历史销售数据、消费者行为数据等，实时调整商品价格，从而提高销售额。例如，在某些时间段，如果某一类商品的需求量较高，零售企业可以适时提高该商品的价格；而在其他时间段，如果该商品的需求量较低，则可以通过降价来吸引更多的消费者。此外，零售企业还可以根据竞争对手的价格调整来适时调整自己的价格，以确保在市场中占据有利的地位。除了实时调整价格外，大数据支持的动态定价策略还可以帮助企业更好地理解消费者的需求和行为。通过分析大量的数据，企业可以深入了解消费者的购买习惯、喜好、支付能力等信息，从而为消费者提供更加个性化和精准的产品和服务。这不仅可以提高消费者的满意度，还可以帮助企业建立良好的口碑和品牌形象。

三、大数据对战略决策的支持

（一）大数据分析在产品开发中的应用

在当今这个信息化时代，数据已经成为企业最重要的资产之一。特别是对于产品开发这一企业核心业务板块，大数据分析的应用更是具有举足轻重的地位。产品开发不仅关乎企业短期内的业绩表现，更是决定企业长期竞争力的重要因素。因此，如何运用大数据分析来优化产品开发，已经成为摆在企业面前的一个重要课题。大数据分析可以帮助企业进行用户行为分析。在互联网高速发展的背景下，用户数据呈现出爆炸式的增长。这些数据中蕴含着用户在产品使用过程中的行为模式、喜好和需求等有价值的信息。通过大数据分析技术，企业可以对这些海量的用户数据进行挖掘和分析，从而获取这些有价值的信息。这些信息对于企业来说，就像是一把钥匙，可以直接指导产品设计和开发，提高产品的质量和用户体验。用户行为分析不仅可以帮助企业了解用户的需求，还可以发现用户在使用产品过程中的问题和痛点。通过对这些问题和痛点的修复，企业可以不断提升产品的质量和用户体验，从而提高用户的满意度和忠诚度。此外，用户行为分析还可以为企业提供用户群体的画像，帮助企业更好地了解自己的目标用户。这样一来，企业就可以根据用户的需求喜好，开发出更加符合市场需求的产品，提高产品的市场竞争力。大数据分析还可以帮助企业进行市场分析。市场分析是产品开发过程中不可或缺的一环。通过对市场数据的分析，企业可以了解竞争对手产品的特点、优势和劣势，从而更好地制定自己产品的开发策略。例如，如果企业发现竞争对手的产品在某个功能上表现出色，那么它可以借鉴这一点，提升自己产品的竞争力。同时，企业还可以通过市场分析，了解市场趋势的变化，从而及时调整自己的产品开发策略。此外，大数据分析还可以帮助企业预测市场需求。市场需求是影响产品销售的重要因素。通过对历史销售数据、用户反馈和市场趋势等进行分析，大数据分析可以预测出未来市场的需求变化。这样一来，企业就可以调整产品的定位和市场策略，提高产品的销售和市场份额。例如，如果大数据分析预测某一种产品在未来会变得热门，那么企业就可以提前开发这种产品，抢占市场份额。然而，大数据分析在产品开发中的应用也面临一些挑战。首先，数据的质量和完整性对分析结果有着重要的影响。如果数据质量不高或者不完整，那么分析结果可能会出现偏差，从而影响产品开发的决策。其次，大数据分析需要专业的技术和人才。如果企业缺乏这方面的技术和人才，那么就无法充分发挥大数据分析在产品开发中的优势。最后，大数据分析只能提供数据支持和建议，最终的决策还需要企业根据自身的实际情况来做出。

（二）大数据对企业竞争力评价的影响

企业竞争力是企业能够在市场中获得优势和持续发展的能力，是企业在激烈竞争环境中生存和发展的关键。随着大数据技术的广泛应用，大数据分析已经成为企业评估竞争力的重要工具，可以帮助企业做出更加科学、精准的战略决策。首先，大数据分析可以帮助企业进行竞争对手分析。通过对竞争对手的数据进行挖掘和分析，企业可以了解竞争对手的优势和劣势，从而制定更加有效的竞争策略。例如，企业可以通过对竞争对手的销售数据、用户反馈数据、社交媒体数据等进行分析，了解竞争对手产品的市场占有率、用户满意度、品牌影响力等关键指标，并与自身产品进行比较，找出差距并提出改进措施。通过这种方式，企业可以更好地了解竞争对手的市场策略和产品特点，从而调整自身的竞争策略，提高自身的竞争力。除了对竞争对手的分析，大数据分析还可以帮助企业进行市场定位分析。通过对市场数据的分析，企业可以了解目标市场的规模、增长率、消费者特征等信息，并根据这些信息调整产品定位和市场策略。例如，企业可以通过对目标市场的用户画像、消费行为、购买习惯等数据的分析，了解目标市场的需求特点、消费趋势和消费者偏好，从而调整产品定位和营销策略，提高产品的市场接受度和竞争力。除此之外，大数据分析还可以帮助企业进行用户行为分析，通过分析用户在网站、App 等平台上的浏览、搜索、购买等行为数据，了解用户的兴趣爱好、购买意愿、消费习惯等信息，从而更好地满足用户需求，提高用户的满意度和忠诚度。以某电商平台为例，该企业通过对竞争对手销售数据的分析，了解了竞争对手产品的销售情况和用户反馈数据，并基于这些数据对自身产品的销售情况进行了评估。通过与竞争对手的对比，该企业发现了自身产品在某些方面存在不足，如产品价格、产品质量、售后服务等。基于这些发现，该企业提出了针对性的改进措施，如调整产品价格、提高产品质量、优化售后服务等。这些改进措施的实施，不仅提高了该企业的竞争力，也提高了用户的满意度和忠诚度。

（三）大数据与企业的可持续发展战略

对于追求可持续发展的企业来说，大数据是一个不可或缺的工具。可持续发展战略的核心在于平衡经济效益、环境效益和社会效益，而大数据分析正能够为企业提供决策支持，以实现这一目标。大数据分析在环境和社会责任评估方面发挥着重要作用。在过去，企业对于自身环境和社会责任的认识往往依赖于传统的调查和经验判断，这些方法不仅耗时耗力，而且数据准确性和完整性也难以保证。但随着大数据技术的发展，企业可以收集和分析来自各个渠道的海量数据，从而更准确地评估自身的环境和社会表现。例如，企业可以通过分析自身的能源消耗、废弃物处理、碳排放等数据，来评估自身的环境污染程度；通过分析消费者行为、社交媒体反馈等数据，来评估自身在社会中的形象和影响力。这些数据不仅可以帮助企业及时发现和解决问题，还可以帮助企业识别潜在的可持续发展机会，从而提高企业的可持续发展性。大数据分析在资源和能源管理方面同样具有重要意义。资源的有效利用和能源的节约是企业可持续发展的重要组成部分。通过大数据分析，企业可以实时分析自身的资源利用情况和能源消耗情况，发现资源浪费和能源浪费的问题所在。例如，企业可以通过分析生产线上的数据，找出能源消耗高的环节，然后采取相应的改善措施，如优化生产流程、引入节能设备等，以提高资源利用效率，降低能源消耗。这样的做法不仅有助于降低企业的运营成本，也有助于实现可持续发展目标。大数据分析在风险管理方面也发挥着重要作用。企业在决策过程中，需要考虑到各种可能出现的风险，如市场风险、竞争风险、供应链风险等。这些风险如果得不到有效管理，将可能对企业的可持续发展造成严重影响。而大数据分析可以帮助企业及时发现这些潜在风险，并制定相应的预防和应对策略。例如，通过对市场数据的分析，企业可以预测市场的变化趋势，从而提前做好相应的市场调整；通过对竞争对手数据的分析，企业可以了解竞争对手的策略和动向，从而制定有效的竞争策略；通过对供应链数据的分析，企业可以优化供应链管理，降低供应链风险。在实施大数据分析时，企业需要建立一套完善的数据分析系统，包括数据、数据存储、数据处理、数据分析等环节。同时，企业还需要培养一支具备专业数据分析能力的人才队伍，以便能够有效地进行数据分析和管理。此外，企业还需要注重数据分析与战略决策的融合，确保数据分析的结果能够真正应用于企业的战略决策中。

第四章　大数据驱动的企业创新模式

一、大数据对企业创新模式的启示

（一）大数据与企业商业模式创新

商业模式是企业价值创造的逻辑，它涵盖了企业的战略定位、客户价值、收入来源、成本结构、关键资源、合作伙伴、客户关系和价值分配等多个方面。大数据时代为企业商业模式创新提供了无限可能。大数据可以帮助企业更加精准地识别目标市场和客户群体，进而制定出更具针对性的市场和客户策略。通过大数据分析，企业能够了解到不同消费者群体的消费习惯、需求偏好和行为特征。这样，企业就可以设计出更加符合他们需求的产品和服务。例如，在旅游行业，通过分析用户搜索历史和行为数据，企业可以了解到用户的旅行偏好和倾向，从而提供个性化的旅游推荐和定制服务。此外，在社交媒体等平台上，通过对用户的兴趣和行为数据进行分析，企业可以更好地了解用户需求，为他们量身打造符合需求的产品和服务。大数据还可以帮助企业优化供应链和物流管理，降低成本，提高效率。通过对大量物流数据的分析，企业可以实时掌握库存状况、物流速度、运输成本等信息，从而优化供应链的运作。以快速消费品行业为例，大数据分析可以帮助企业预测需求，避免库存积压或供应不足的情况，提高物流配送效率，降低配送成本。此外，通过对供应链环节的数据进行分析，企业可以发现瓶颈和问题，并及时采取措施解决，从而提升供应链的整体效益。通过大数据技术和分析方法，企业可以实现供应链的优化与升级，提高整体运营效率。另外，大数据还可以帮助企业实现产品和服务的个性化定制。通过对大量客户数据的分析，企业可以了解到不同客户的需求差异，从而提供更加个性化的产品和服务。例如，在电商平台上，通过对用户浏览、购买、评价等数据的分析，平台可以推荐给用户更符合他们兴趣和需求的产品。这种个性化推荐不仅可以提升用户的购买体验，还可以提高用户购买的转化率和满意度。同时，通过大数据分析，企业还可以了解到用户的购买历史、偏好和行为模式，进而精准地进行广告投放和促销活动，提高与用户的互动效果。除此之外，大数据还可以帮助企业进行创新和业务拓展。通过对市场和行业的数据分析，企业可以发现新的商机和趋势，并及时调整和优化自身的商业模式。例如，通过对用户需求和消费行为的深入分析，企业可以推出新的产品或服务，满足市场的需求。同时，通过对市场竞争对手和潜在竞争对手的数据进行分析，企业可以了解到市场的竞争态势和趋势，为自身的业务拓展和创新提供参考和依据。然而，要实现大数据对商业模式的创新和提升，企业需要面临一系列的挑战和困难。首先，企业需要投入大量的资源和人力，建立起完善的大数据技术和分析体系。这需要企业具备一定的技术实力和专业知识，同时还需要持续不断地进行技术更新和升级。其次，由于大数据的高度复杂性和海量性，企业需要拥有强大的数据处理能力和算法分析能力，以应对数据的高速增长和复杂性。此外，由于大数据的隐私和安全性问题，企业还需要加强数据保护和隐私保密的措施，确保数据的安全和合规性。最后，企业还需要培养和吸引具有数据分析和商业智能能力的人才，建立起高效的数据分析团队，实现大数据的价值挖掘和应用。

（二）大数据在产品服务创新中的应用

随着大数据时代的到来，产品服务创新的关键已经不再是简单的产品设计和生产，而是如何利用大数据技术深入挖掘客户需求，提升用户体验，从而实现产品服务的持续创新。首先，大数据分析为企业提供了深入了解用户的机会。通过大数据技术，企业可以收集并分析大量的用户数据，包括用户的实际使用习惯、需求痛点、满意度等信息。这些数据不仅可以帮助企业了解用户的需求和喜好，还可以帮助企业发现用户潜在的需求和未被满足的需求。这些信息不仅可以指导产品设计的改进，还可以为企业提供创新的灵感和方向。例如，在智能手机行业，通过对用户使用行为的分析，企业可以优化界面设计、功能布局和操作体验，从而提高用户的满意度和使用体验。大数据的应用还可以帮助企业实现实时监测和预测用户需求。通过对大量用户数据的实时分析，企业可以准确把握用户需求的动态变化，从而及时调整和优化产品服务。例如，在内容产业，通过对用户浏览、搜索、点赞等行为的分析，企业可以精准推送用户感兴趣的内容，提高用户黏性和忠诚度。此外，大数据的应用还可以帮助企业实现跨行业的创新。通过对不同行业、领域数据的分析和挖掘，企业可以发现新的商业模式和市场机会，实现跨界合作和创新发展。例如，在金融行业，通过对用户消费、社交、信用等数据的综合分析，企业可以创新出个性化的金融产品和服务，为用户提供更加全面和贴心的服务。大数据的应用还可以帮助企业实现精细化运营。通过大数据技术，企业可以对用户进行精细化的分类和管理，为不同用户提供个性化的产品和服务。这种精细化运营不仅可以提高用户的满意度和忠诚度，还可以降低企业的运营成本和提高效率。此外，大数据还可以帮助企业发现新的市场机会和商业机会。通过对市场趋势的分析和预测，企业可以及时调整战略和业务方向，抓住市场机遇，实现持续增长和创新发展。

（三）大数据与企业组织创新的关联

在当今这个大数据时代，企业组织创新的关键因素是如何实现数据驱动的决策和协同。企业需要建立一个高效的数据处理和分析机制，确保数据的实时获取、处理和分析。这是因为大数据时代为企业带来了海量的数据资源，而这些数据的潜在价值是企业竞争优势的重要来源。因此，企业需要具备强大的数据收集、存储、处理和分析能力，以便从数据中提取有价值的信息。同时，企业还需要培养具备数据思维和分析能力的人才，使他们在日常工作中能够充分利用数据资源，提高工作效率。其次，企业需要实现组织结构和工作流程的优化。在大数据时代，需要打破部门之间的数据孤岛，实现数据的互联互通。这要求企业建立一个高效的信息共享和协同工作平台，促进部门之间的信息流通和协同合作。通过这种方式，企业可以实现内部资源的整合，提高组织效率，降低沟通成本。同时，信息共享和协同工作平台还有助于企业实现知识管理和知识创新，为企业的可持续发展提供源源不断的创新动力。企业还需要实现数据驱动的决策文化。在大数据时代，企业经营者和管理者需要学会运用数据分析来指导决策，注重数据驱动的实证分析和逻辑推理，避免主观臆断和盲目决策。这是因为大数据时代为企业提供了丰富多样的数据资源，使得企业可以更加客观、全面地了解市场和客户需求，从而提高决策的准确性和有效性。同时，企业需要培养员工的数据敏感度和数据意识，让每一个员工都能认识到数据的价值，主动利用数据来优化工作。

为了实现数据驱动的决策文化，企业可以从以下几个方面入手。一是强化数据文化教育，让员工了解大数据的价值和应用，培养他们的数据素养；二是鼓励员工在日常工作中积极利用数据资源，提高工作效率；三是建立激励机制，鼓励员工参与数据创新和数据分析项目，为企业创造更多价值；四是加强内部沟通，促进部门之间的信息交流和共享，提高企业整体的数据应用能力。在实际操作中，企业可以采取以下措施来实现大数与企业组织创新的紧密结合。一是加大数据技术投入，引进先进的大数据处理和分析工具，提高企业的数据处理能力；二是建立数据仓库，实现数据的统一存储和管理，便于企业进行数据分析和挖掘；三是加强数据安全和隐私保护，确保企业数据的安全性和合规性；四是与高校、科研机构等合作，共同开展大数据相关的研究和人才培养，提升企业在大数据领域的竞争力；五是积极借鉴国内外先进企业的成功经验，结合自身实际情况，探索适合自己的大数据应用模式。

二、大数据对产品创新的推动

（一）用户数据驱动的产品设计

在当今这个信息化、数字化飞速发展的时代，用户数据已经成为企业宝贵的资源。用户数据驱动的产品设计，这一理念的提出和应用，正是这一时代背景下产生的。简而言之，就是基于用户的数据分析和用户反馈来设计产品。在这个过程中，大数据起到了至关重要的作用。首先要明确，用户数据驱动的产品设计并不是一个孤立的概念，而是与用户体验、用户研究、数据分析等多个领域紧密相连的一个整体。在这个过程中，企业需要通过各种渠道收集用户的各类数据，包括用户的购买记录、使用习惯、偏好设置等。这些数据，对于企业来说，就像是一座富含矿物的油田，等待着去挖掘和提炼。收集到这些数据之后，企业需要对这些数据进行深入的分析和研究。通过对这些数据的分析，企业可以了解到用户的真实需求，从而指导产品的设计和改进。例如，在智能手机行业，各品牌通过对用户的通话记录、应用使用情况、系统设置等数据的分析，可以了解到用户对手机的各项功能的使用频率，对手机的性能要求，以及对手机的外观设计、系统界面等的偏好。企业需要有一套科学的分析方法和工具，以便能够从海量的数据中，找出有价值的信息。这些信息，将直接指导产品的设计和改进。例如，通过对用户的通话记录的分析，企业可以了解到用户对手机的通话功能的使用习惯，从而优化手机的通话功能，提高用户的通话体验。同时，用户的数据分析结果，也可以帮助企业预测用户的未来需求，从而提前进行产品规划和研发。例如，通过对用户的应用使用情况的分析，企业可以了解到用户对哪些类型的应用的使用频率较高，从而可以预测出用户对未来手机应用的需求趋势，提前进行相关应用的研发和推广。在用户数据驱动的产品设计过程中，用户的反馈也是不可或缺的一环。用户的反馈，是企业了解产品在使用过程中的表现，了解用户对产品的满意度的最直接的方式。通过对用户的反馈进行分析，企业可以了解到产品在实际使用中的问题和不足，从而进行针对性的改进。例如，在智能手机行业，各品牌会定期通过问卷调查、在线反馈、用户访谈等方式收集用户的反馈意见，对用户的反馈进行分类和分析，找出产品存在的问题和不足，然后针对这些问题和不足进行改进。用户数据驱动的产品设计，使得产品更加贴近用户，也极大地提高了产品的竞争力。在这一过程中，企业不仅需要有强大的数据收集和分析能力，还需要有强大的产品研发和迭代能力，以满足用户的不断变化的需求。

（二）大数据与产品生命周期管理

产品生命周期管理（Product Lifecycle Management，简称 PLM）是一个涉及产品从概念设计到市场退出整个过程的综合管理策略。这个过程包括了一系列阶段，如初步设计、详细设计、生产、销售、用户反馈和后期改进等。在这个过程中，大数据起着至关重要的作用。在产品的设计阶段，大数据的运用可以帮助企业更好地理解用户的需求，从而指导产品的设计。通过收集和分析大量的用户数据，企业可以深入了解用户对产品的期望和偏好，进而优化产品设计，使其更符合用户的需求。例如，通过分析用户在社交媒体上的讨论，企业可以了解到用户对产品外观、功能和体验等方面的期望，从而调整设计方向。在产品的生产阶段，大数据的运用也可以显著优化生产流程，提高生产效率。通过收集和分析生产过程中的各种数据，企业可以发现生产过程中的瓶颈和问题，进而采取相应的措施进行改进。例如，通过分析生产设备的运行数据，企业可以及时发现设备的故障隐患，从而进行维修或更换，避免因设备故障而影响生产进度。在产品的销售阶段，大数据的运用可以帮助企业更好地理解市场趋势，从而制定更为精准的销售策略。通过分析市场数据，企业可以了解竞争对手的产品动向、市场需求的变化以及消费者的购买行为等，进而调整销售策略，提高销售业绩。例如，通过分析消费者在电商平台的购买行为，企业可以了解到哪些产品是消费者关注的热点，哪些产品具有更大的销售潜力，从而制定相应的营销策略。此外，在产品的售后服务阶段，大数据的运用可以帮助企业更好地了解用户的使用情况，从而帮助企业改进产品，提高用户的满意度。通过收集和分析用户反馈和产品使用数据，企业可以发现产品存在的问题和改进的空间，进而进行产品改进，提高产品质量和用户体验。同时，这些数据也可以用于预测产品的使用寿命和维修周期，为企业的维修和替换决策提供依据。除了以上几个方面，大数据在产品生命周期管理中的应用还可以涉及其他多个领域。例如，在产品的研发阶段，大数据可以用于协同设计，帮助设计师们更好地协作、沟通和优化设计；在产品的运输和存储阶段，大数据可以用于优化运输路线和仓储管理，提高运输和存储效率。

（三）大数据在产品安全性评估中的应用

随着科技的不断发展，产品的安全性已经成为用户对产品的一个重要需求，也是企业必须关注的一个重要问题。在这个信息化、智能化的时代，大数据的应用在产品安全性评估中发挥着越来越重要的作用。通过对用户的使用数据和反馈数据的分析，企业可以及时发现产品的潜在安全隐患，从而采取有效的措施进行改进，提高产品的安全性。大数据的应用可以通过几个方面来提高产品安全性评估的效果。

一是数据收集与分析。大数据技术可以实时收集用户在使用产品过程中的各种数据，包括使用频率、操作方式、故障率等。通过对这些数据的分析，企业可以及时发现产品的潜在安全隐患，从而采取相应的措施进行改进。此外，大数据还可以收集用户的反馈数据，包括产品故障的描述、使用体验的反馈等，这些数据可以为产品的进一步优化提供参考。具体来说，大数据技术的数据收集和分析可以通过以下方式实现。首先，企业可以在产品中嵌入传感器和监测设备，实时记录用户在使用过程中的各种操作和反馈信息。这些设备可以记录用户的点击、滑动、键入等操作行为，同时还可以记录温度、湿度、经纬度等环境信息。通过这些数据的收集和记录，企业可以准确了解用户的使用习惯和环境情况，为产品的优化和改进提供基础数据。其次，企业可以利用互联网和移动应用程序等渠道收集用户的反馈数据。用户可以通过产品的官方网站、社交媒体平台以及移动应用程序等渠道提交自己对产品的意见和建议。企业可以通过这些渠道建立反馈机制，收集用户的使用体验和产品故障描述等数据。同时，企业还可以通过互联网和社交媒体等渠道分析用户的讨论和评价，进一步了解产品在市场中的口碑和声誉。在数据收集的基础上，企业可以利用大数据技术进行数据分析。通过数据挖掘、机器学习等技术手段，企业可以将海量的数据转化为有用的信息。首先，企业可以通过数据分析发现产品的潜在安全隐患。通过分析使用频率、操作方式等数据，企业可以识别出用户在产品使用过程中存在的问题和风险。例如，企业可以通过分析产品的故障率和用户操作方式的相关性，发现某些操作方式可能导致产品故障，并及时采取相应措施进行改进。其次，企业还可以通过数据分析了解用户的反馈和使用体验。通过分析反馈数据，企业可以了解用户对产品的满意度和不满意之处，为产品的进一步优化提供参考。例如，企业可以通过分析用户的反馈描述，发现产品在某些功能上存在设计上的不足，并意识到需要对产品的功能进行调整和改进。同时，企业还可以通过分析用户的使用体验，发现产品的用户界面设计、交互方式等方面的问题，并进行相应的优化。

二是风险预警与预测。通过对大数据进行分析，企业可以提前感知和预测产品可能面临的风险，并采取相应的措施来避免或减轻潜在影响。以汽车行业为例，通过对车辆的行驶数据和事故数据进行分析，企业可以及时发现车辆存在的潜在故障。例如，通过对大量的行驶数据进行分析，企业可以发现某一型号车辆在特定的环境下容易出现制动故障，从而及时采取措施对相关车辆进行修复和调整，提高车辆的安全性。此外，通过对大量事故数据的分析，企业还可以发现某一种类的事故发生的频率较高，以及该类事故的原因和影响因素，从而采取相应的措施减少事故的发生。另外，大数据还可以通过对历史数据的分析来预测未来可能出现的安全问题。通过对大量历史事故数据的分析，企业可以发现一些共性和规律，从而判断未来可能出现的安全问题。例如，通过对历史数据的分析，企业可以发现在某一时间段或某一地区发生特定类型事故的可能性较大，从而提前做好相应的预防措施。此外，通过对历史数据的分析还可以预测某一产品或设备的寿命和故障概率，从而在产品设计和生产过程中采取相应的措施，提高产品的质量和安全性。

三是个性化安全建议。基于大数据的分析，企业可以根据用户的个性化需求，为用户提供个性化的安全建议。例如，对于经常在夜间行驶的用户，企业可以根据其行驶习惯，提供相应的安全提醒和建议；对于经常长途驾驶的用户，企业可以提醒他们注意疲劳驾驶等。个性化安全建议的提供，基本上依赖于大数据分析。通过对大数据进行深入挖掘和分析，企业可以了解用户的个性化需求和行为习惯，从而为用户提供更精准的安全建议。例如，对于经常在夜间行驶的用户，企业可以根据他们的行驶时间、行驶路线等信息，分析出他们在夜间行驶的原因和风险，并提供相应的安全提醒和建议。可能会建议用户尽量避免夜间行驶，或者提醒他们要特别谨慎驾驶，注意周围的车辆、行人等。这样的个性化建议将更加贴合用户的实际情况，提升安全意识。在提供个性化安全建议时，企业还可以考虑用户的驾驶习惯。不同的用户对于安全问题的关注点和注意力可能不同。有些用户在驾驶过程中更注重车辆的性能和状态，而有些用户则更关注道路交通规则和其他驾驶者的行为。企业可以根据用户的驾驶习惯，为他们提供相应的安全建议。例如，对于更注重车辆性能的用户，企业可以提醒他们定期检查车辆的制动系统、轮胎磨损等，并提供相关的维修和保养建议。而对于更关注道路交通规则的用户，企业可以提醒他们遵守交通法规，不超速、不疲劳驾驶等，并提供相应的行驶建议和安全小贴士。这样的个性化建议将更加针对用户的需求，有助于用户形成更好的驾驶习惯，减少事故风险。个性化安全建议还可以根据用户的行驶路线和地理位置进行定制。企业可以通过大数据分析，了解用户经常出行的路线和地理位置，并根据这些信息提供相应的安全建议。例如，对于经常驾驶在山区、陡坡或弯道路段的用户，企业可以提醒他们小心驾驶，保持适当的车速和距离，并注意路况。对于经常驾驶在高速公路上的用户，企业可以提醒他们保持车距、注意并换道，并提醒他们遵守交通规则。这样的个性化建议可根据用户的特定行驶路线和地理情况制定，更加具有实用性和针对性。此外，针对经常长途驾驶的用户，企业还可以提供相应的安全建议。长途驾驶往往会让驾驶者产生疲劳，增加事故的风险。企业可以通过大数据分析，了解用户的行驶习惯和时间，并提醒他们注意疲劳驾驶。可能会提醒用户定期休息，避免连续驾驶时间过长，并提供相关的驾驶安全知识和方法。例如，告知用户在感到疲劳时要及时休息，可以选择停车休息、喝咖啡提神等。这样的个性化建议有助于保护驾驶者的安全，并减少因长时间驾驶而造成的事故风险。

四是增强产品的质量控制。大数据的应用可以帮助企业更好地进行产品质量管控。通过对生产过程中的数据进行详细分析，企业能够及时发现生产过程中的问题，从而采取相应的措施进行改进，提高生产效率和产品质量。同时，通过对产品质量监测数据的分析，企业可以及时发现产品存在的质量问题，从而能够及时进行修复和改进。借助大数据技术，企业可以收集和分析大量的生产数据，包括生产线上的各种传感器数据、设备投入和产出数据、员工的工作记录等。通过对这些数据的分析，企业可以实时监测生产过程中的关键参数，及时发现异常情况和潜在问题。如果有任何异常情况或质量问题出现，企业可以立即采取相应的措施，快速解决问题，避免影响整个生产过程。大数据分析还可以帮助企业找出生产过程中的瓶颈和问题点。通过对各个环节的数据进行比对和分析，企业可以找出生产过程中的瓶颈环节，并进行优化改善。比如，可以通过对设备数据和工人工作记录的分析，找出影响生产效率和产品质量的关键因素，然后对这些因素进行深入研究和改进，提高生产效率和产品质量。在产品质量监测方面，大数据分析可以帮助企业快速准确地检测产品质量问题。通过对大量产品质量监测数据的分析，企业可以发现一些常见或潜在的质量问题，及时进行修复和改进。比如，可以通过分析产品的检测数据，找出产品的缺陷类型和出现频率，然后定位问题的原因，并采取相应的措施解决问题。这样可以减少质量问题的发生，提高产品的合格率，并且能够更好地满足消费者的需求和期望。此外，大数据分析还可以帮助企业进行产品质量的预测和优化。通过对历史数据的分析和挖掘，企业可以了解产品质量的发展趋势和演变规律，预测未来可能出现的质量问题，以便提前采取相应的预防措施。同时，通过对产品质量指标和相关因素的统计分析，企业可以找出影响产品质量的主要因素，并对这些因素进行优化和控制，以提高产品的整体质量水平。

三、大数据对服务创新的促进

（一）大数据在服务个性化定制中的应用

在大数据时代背景下，服务个性化定制成为提高客户满意度和忠诚度的重要途径。传统的人口统计学特征已经不能满足企业对客户需求的深度理解，因此，基于客户的实际行为和深层次偏好的个性化服务越来越受到企业的重视。在电子商务领域，大数据分析已经被广泛应用于个性化推荐系统中。通过收集和分析用户的消费行为、偏好、历史交互和市场趋势数据，电商平台能够精确地了解每个用户的个性化需求，从而向其推荐感兴趣的商品和服务。例如，当用户在购物车添加了一些商品后，系统可以根据购物车的信息，结合用户的历史购买记录和评价反馈，推荐给用户相关的商品。这样的个性化推荐不仅能提升用户的购物体验，还能增加用户的购买转化率，从而为电商平台带来更多的利润。在银行业领域，大数据的应用同样能够实现个性化定制的金融产品。通过分析客户的交易习惯和资金流动情况，银行能够了解每个客户的财务需求，并提供量身定制的金融产品。例如，对于一个有较高资金流动的客户，银行可以提供高额信用贷款和投资咨询服务；而对于一个有较稳定收入的客户，银行可以推荐保值增值的理财产品。这样的个性化金融服务不仅能提高客户的满意度，还能增加银行的收入和利润。除了电商和银行业，教育机构也在大数据的帮助下实现了个性化服务。通过收集和分析学生的学习进度、能力和兴趣等数据，教育机构能够为每个学生制定个性化的学习计划和推荐相应的学习资源。例如，在在线教育平台上，学生的学习数据包括观看视频的时间、完成作业的进度等，系统可以根据这些数据为学生推荐适合其学习进度和能力的学习资源。这样的个性化学习服务不仅能提高学生的学习效果，还能增加教育机构的影响力和竞争力。个性化定制服务的应用不仅提升了客户体验和满意度，还为企业创造了新的增长点。通过个性化定制服务，企业能够更精准地满足客户的需求，从而增加客户的忠诚度和再购买率。而且，个性化定制服务还能够帮助企业深入了解客户的行为和需求，从而从中发现潜在商机和市场趋势。例如，通过分析用户的购买行为和偏好，电商平台可以了解到哪些商品受欢迎，从而及时调整采购和推广策略，提高销售额。然而，要实现个性化定制服务，并不是一件容易的事情。首先，企业需要建立完善的数据收集和分析系统，同时保证数据的准确性和安全性。其次，企业需要拥有强大的数据分析能力，能够从海量的数据中提取有价值的信息。最后，个性化定制服务需要与个人隐私和安全进行平衡，保护用户的个人信息不被滥用和泄露。

（二）大数据分析与客户服务改进

大数据分析在客户服务改进方面提供了强大的决策支持，可以帮助企业更好地识别问题和改进点。通过分析客户服务中的互动数据、社交媒体情绪和反馈信息，企业能够快速了解客户的需求和痛点，从而针对性地改进服务流程。举例来说，航空公司可以通过分析客户服务热线录音来识别常见的客户问题和投诉原因。这样一来，航空公司就能够针对性地优化服务流程，减少客户等待时间。比如，如果经过分析发现大量客户投诉是因为机票预订流程烦琐，航空公司可以简化预订流程，提供更加便捷的预订方式，从而提升客户满意度。零售商也可以利用大数据分析来改进客户服务。通过分析交易数据和客户反馈，零售商可以了解客户的购物喜好和行为习惯，从而调整库存管理和商品布局。例如，如果分析发现某款商品销量很好，但经常缺货，零售商可以增加该商品的采购量，提高库存管理的效率。另外，如果分析发现有大量客户反馈称购物体验不便利，零售商可以重新规划店铺布局，提供更加方便快捷的购物环境，提升客户的购物体验。除了针对性改进客户服务的流程和布局，大数据分析还可以帮助企业预测和预防潜在的服务问题。通过对服务设备的实时监控数据进行分析，企业可以预测设备的故障和寿命，从而实现预防性维护，减少服务中断的次数和持续时间。例如，一家电信运营商可以通过对网络设备的实时监控数据进行分析，预测设备的故障概率和寿命，提前进行维护工作，避免设备故障对客户服务造成影响。此外，大数据分析还可以帮助企业更好地了解客户需求和行为变化，从而提前调整服务策略。例如，通过分析客户的购物习惯和消费偏好，企业可以进行精准营销，提供个性化的推荐和优惠活动，吸引和保留客户。另外，通过分析社交媒体情绪和反馈信息，企业可以及时发现客户的不满和抱怨，作出相应的调整和改善，保持客户的满意度。然而，在进行大数据分析的过程中，企业需要保证数据的质量和隐私保护。只有准确、完整、可信的数据才能支撑分析的准确度和可靠性。因此，企业需要建立健全数据采集和管理机制，确保数据的准确性和时效性。另外，由于涉及客户的个人信息和隐私，企业也需要遵守相关的法律法规，保护客户的个人信息不被滥用和泄露。

（三）大数据在服务渠道创新中的作用

随着数字技术的快速发展，服务渠道正在发生深刻变革，以适应新的数字环境并满足客户不断变化的需求。在这个过程中，大数据在服务渠道创新中扮演着重要角色，它为企业提供了理解并把握客户在各种接触点上的活动的能力，从而设计出更加便捷、高效的服务渠道。大数据为企业提供了深入了解客户行为和偏好的工具。通过分析大量的数据，企业可以了解客户在移动应用、社交媒体、线上客服和实体店铺的使用习惯。这些数据不仅可以帮助企业识别出客户的偏好和需求，而且还能揭示出一些以前未知的模式和趋势。有了这些信息，企业就可以设计出更加个性化、有针对性的服务渠道，从而提升客户满意度和忠诚度。通过大数据分析，企业还可以设计出全渠道的服务策略，提供无缝衔接的服务体验。这意味着企业需要考虑到客户在各种渠道（如线上、线下、移动设备等）上的需求和行为，并确保这些渠道之间的信息传递和交互是顺畅的。大数据可以帮助企业识别出最佳的服务渠道组合，并优化这些渠道之间的协作，从而提供一致的高品质服务。在金融领域，移动银行应用的兴起使得客户可以随时随地进行交易和查询。通过大数据分析，银行可以优化移动应用的用户界面和功能设计，提升用户体验。此外，大数据还可以帮助银行更好地理解客户的金融需求和行为，从而提供更加贴心、专业的服务。大数据在医疗健康领域中的服务渠道创新中也发挥着重要作用。通过大数据分析，医疗保健提供者能够更好地理解患者的偏好和需求。这种理解可以帮助开发出新的远程医疗服务和移动健康监测应用，从而提升服务的可及性和便利性。此外，大数据还可以用于分析医疗保健的数据，以便发现潜在的问题和趋势，从而采取适当的预防和治疗措施。另外，大数据还可以帮助企业优化服务渠道的运营和管理。通过对大量数据的分析，企业可以了解服务渠道的效率和效果，识别出瓶颈和问题，并采取适当的措施来解决这些问题。这不仅可以提高服务渠道的运营效率，还可以降低成本并提高利润。

第五章　大数据的企业资源管理

一、大数据对企业资源的获取与整合

（一）数据与企业信息资源的整合

大数据在获取和整合企业资源时首先需要解决的是数据与企业信息资源的整合问题。企业的信息资源分布在各个部门和系统中，这样就存在着数据孤岛的问题，导致无法充分利用和整合这些资源。因此，大数据技术可以通过数据采集、存储、处理和分析等手段将这些分散的数据整合起来，形成一个统一的数据平台，进而为企业的决策提供准确、及时的信息支持。根据大数据技术的支持，企业可以通过数据采集来获取各种来源的数据，并将其存储在统一的数据仓库中。通过数据仓库，企业可以对数据进行整合和管理，消除数据孤岛问题。此外，大数据技术还能处理和分析这些数据，从而发掘出潜在的关联和规律性信息。通过将数据进行整合和分析，企业可以更全面地了解自身的情况、市场的动态以及竞争对手的行为。然而，大数据的整合过程也面临一些挑战。其中一个挑战是数据的质量问题。由于数据的来源多样性和复杂性，往往存在着数据不准确、不完整、不一致等问题。为了解决这些问题，大数据技术可以通过数据清洗、去重、匹配等手段来提高数据的质量和一致性。通过数据清洗，可以排除无效的数据和错误的数据，从而提高数据的准确性和可靠性。通过数据去重，可以避免同一数据在不同系统中的重复存储和使用，提高数据的一致性。通过数据匹配，可以将不同系统和部门中的相似数据进行关联，提升数据的价值和利用效率。数据整合的另一个挑战是不同系统和部门之间的技术差异和数据格式的不兼容性。为了解决这个问题，大数据技术可以通过数据转换、格式化和标准化等手段来实现不同系统和部门之间的数据交互和整合。通过数据转换，可以将不同系统和部门的数据转换成统一的数据格式，从而实现数据的互操作性。通过数据格式化和标准化，可以对数据进行统一的表示和命名，减少数据处理和分析的复杂性，提高数据的可用性和可维护性。除了技术层面的挑战，数据整合的成功还需要重视组织文化和管理层面的因素。在数据整合过程中，需要充分协调和沟通各个部门和系统之间的关系，建立合作共赢的合作机制和文化。同时，管理层也需要为数据整合提供支持和资源，并制定相应的数据整合策略和规范。只有在组织文化和管理层面都得到充分重视和支持的情况下，数据整合才能够顺利进行，并为企业带来真正的益处。

（二）大数据在企业内外部数据融合中的应用

在当今的商业环境中，数据是最为重要的资源，而大数据技术则是挖掘这些宝贵资源的关键工具。在企业运作的方方面面，大数据的应用已经成为提高效率、优化战略和增强竞争力的重要手段。特别是在企业内外部数据的融合过程中，大数据技术的运用正变得越来越不可或缺。首先，需要明确什么是企业内外部数据融合。简而言之，这是将企业内部的各种数据与外部环境中的数据相结合的一个过程。内部数据通常包括生产运营数据、销售记录、财务报表、人力资源信息等，这些数据是企业日常运营的直接结果。外部数据则涵盖了更广泛的信息，如趋势、竞争对手的状况、行业标准、消费者行为以及社交媒体上的声音等。这两类数据的融合，能够为企业提供一个全方位的视角，以洞察其业务环境。大数据技术在数据融合中的作用，主要体现在以下几个方面。首先，大数据技术能够存储和处理海量数据，这为企业提供了充足的空间来收集和保存各种类型的信息。其次，通过数据挖掘技术，可以从大量数据中发掘出有价值的信息和模式。再次，数据分析工具可以帮助企业理解数据背后的意义，并将这些洞察转化为可操作的策略。最后，机器学习等先进技术能够预测未来的趋势和模式，为企业的决策提供前瞻性的支持。在实际应用中，企业内外部数据融合的例子比比皆是。以销售策略调整为例，一个企业可以通过分析内部的销售数据，了解哪些产品销售良好，哪些产品需求下降。同时，结合外部的市场数据，如消费者偏好、市场趋势等，可以预测未来的销售走向。通过对这些数据进行深入分析，企业能够及时调整生产线，优化库存管理，甚至革新产品设计，以适应市场的变化。另一个例子是竞争对手分析。通过收集和分析竞争对手的销售数据、广告策略、市场份额等信息，企业可以准确地把握竞争态势。这不仅有助于企业制定相应的竞争策略，还可以在必要时调整自己的产品或服务，以占据更有利的位置。社交媒体数据的融合分析也是一大应用领域。消费者的评论、反馈和建议都蕴含着宝贵的信息，通过分析这些数据，企业可以了解消费者对自己的品牌和产品的真实态度。这种直接来自消费者的信息，往往比传统的市场调研更为准确和实时。除此之外，企业还可以利用大数据技术进行风险管理。在金融行业，通过对市场数据的实时监控和分析，可以及时发现可能影响投资的风险因素。在供应链管理中，通过预测模型，可以有效预测供应链中的潜在瓶颈和风险点，从而提前做好应对策略。然而，值得注意的是，大数据在企业内外部数据融合中的应用并非没有挑战。数据的质量、安全隐私问题、技术复杂性以及数据解读的准确性都是企业在进行数据融合时需要面对的问题。因此，建立一个强大的数据管理框架，确保数据的准确性和安全性，是企业成功实施数据融合策略的基础。

（三）大数据与企业资源规划（ERP）

在当今信息化、数字化的大背景下，大数据与企业资源规划（ERP）系统之间的关系越来越密切。ERP系统，作为一种集成管理各种业务流程和资源的软件系统，其核心思想是通过对企业内各种资源的整合和优化，实现资源的有效获取和利用。这种系统在企业的发展中起着至关重要的作用，可以帮助企业实现对资源的全面掌控，提高运营效率，降低成本。大数据技术，作为一种强大的数据处理和分析工具，与 ERP 系统相结合，可以为企业的资源规划和决策提供更科学、更精准的支持。大数据技术的应用范围广泛，包括数据挖掘、数据分析、数据可视化等，其核心价值在于从海量的数据中提取有价值的信息，为企业决策提供依据。通过与大数据技术的结合，ERP 系统可以实现更加智能和灵活的数据分析和处理。这种结合不仅提高了 ERP 系统的数据处理能力，还使其能够提供更准确、更全面的资源规划和决策支持。例如，通过大数据技术的分析，ERP 系统可以实时监控企业内部各个环节的运营情况，包括生产、销售、库存、财务等各个方面。这样，企业可以及时发现问题和异常，并进行预测和预警，帮助企业做出及时的调整和决策。

　　具体来说，大数据技术可以帮助 ERP 系统实现以下功能：一是实时监控与分析。大数据技术具有高速处理海量数据的能力，可以实时收集并分析 ERP 系统中的各项数据，帮助企业实时了解各个环节的运营情况。在传统的 ERP 系统中，由于数据处理速度和能力的限制，企业往往无法实现实时的数据分析和监控。而通过大数据技术，企业可以实时掌握各环节的运营状况，及时发现异常情况并进行调整，从而提高运营效率。例如，某企业在生产过程中，通过大数据技术实时监控生产线上的数据，一旦发现某环节的产出率低于预期，系统立即报警，企业可以迅速查找原因并进行调整，确保生产线的正常运行。二是精细化管理与决策支持。大数据技术可以对海量数据进行深入分析和挖掘，发现隐藏在数据背后的规律和趋势。这些信息可以为企业的决策提供有力支持，帮助企业制定更加科学、精准的决策。在过去，企业的决策往往依赖于经验和直觉，而现在，通过大数据分析，企业可以基于事实和数据来进行决策，大大提高了决策的准确性和有效性。例如，某企业通过大数据分析，发现其产品的销售情况与天气、季节等因素密切相关，于是企业可以根据这些规律调整生产和销售策略，提高产品的市场竞争力。三是预测与预警。大数据技术结合机器学习和人工智能算法，具有对未来趋势进行预测的能力。这样，企业可以根据预测结果及时调整战略和运营计划，避免潜在的风险和损失。例如，某企业在进行市场预测时，通过大数据分析和技术预测模型，预测出某产品的市场需求将在未来三个月内下滑，企业可以据此及时调整生产计划，避免过度库存的风险。四是优化资源配置。大数据技术可以帮助企业详细分析各个资源的使用情况，发现资源浪费和不合理配置的问题。通过优化资源配置，企业可以提高资源的使用效率，降低成本，提高盈利能力。例如，某企业通过大数据分析，发现其在某个部门的办公设备使用率极低，于是企业可以据此调整设备采购计划，降低成本。

二、大数据在企业人力资源管理中的应用

（一）大数据在招聘与人才选拔中的应用

在招聘与人才选拔方面，大数据的应用对企业管理至关重要。通过大数据的运用，企业能够更准确地了解人才市场的情况，从而有针对性地制定招聘策略。具体而言，大数据分析可以利用各种招聘网站和社交媒体平台获取招聘信息，并能够快速筛选出候选人。通过分析候选人的个人信息和社交活动，大数据还能够获取更多关于候选人的信息，这对于做出更准确的选拔决策非常有帮助。除此之外，大数据的应用还使得企业能够对候选人的背景、教育经历、工作经验等信息进行全面分析，并且能够预测候选人在公司内的绩效和适应度。这意味着通过大数据的帮助，企业能够更好地判断候选人的能力和潜力，从而提高招聘效率和选才准确性。大数据的应用使得企业能够更全面地了解候选人的背景信息。通过分析大量的数据，包括学历、专业、毕业院校等信息，企业能够对候选人的学术水平有一个大致的了解。此外，大数据还可以对候选人的工作经验进行分析，评估其在之前的工作中所扮演的角色和所展示的能力。这些信息对于判断候选人的能力和潜力非常重要，因为一个人的学历和工作经验通常会直接影响其在公司内的表现。大数据的应用还能够预测候选人在公司内的绩效和适应度。通过分析大量的数据，包括候选人在之前的工作中所取得的成果、其在社交媒体平台上的表现等信息，企业能够推测出候选人在公司内

的工作表现和适应性。例如，一个候选人在之前的工作中取得了很好的业绩，并且在社交媒体平台上展示了积极向上的形象，那么很有可能他在新的公司也会取得较好的业绩。这样的预测对于企业决策非常重要，因为招聘一个能够快速适应并取得良好绩效的员工可以提高企业的竞争力和运营效率。大数据的应用还可以提高招聘效率和选才准确性。传统的招聘方式通常要求人力资源部门投入大量的时间和精力去筛选简历、安排面试等。但通过大数据的应用，这些工作可以被自动化和智能化地完成，从而提高招聘效率。例如，通过利用算法和人工智能技术，大数据分析可以迅速筛选出合适的候选人，减少人力资源部门的工作量。此外，大数据的应用还可以帮助企业挖掘潜在的优秀人才，提高选才准确性。通过分析大量的数据，企业可以找到那些被忽视或者尚未被发现的人才，这对于企业的长远发展非常重要。

（二）员工绩效的大数据分析与管理

在当今的企业环境中，员工绩效管理是企业运营的核心环节。它不仅关乎企业的整体运营效率，更直接影响到员工的职业发展和企业的整体竞争力。通过大数据的分析和管理，企业可以更准确地评估员工的绩效，从而制定更科学合理的激励和晋升制度。大数据分析为评估员工绩效提供了全新的视角。通过分析员工的工作质量、工作效率、客户反馈等关键指标，大数据能够更全面地评估员工的绩效水平。这些数据不仅包括员工的日常工作表现，还包括一些隐性的信息，如团队合作、创新能力、解决问题的能力等，这些都是传统绩效考核中难以衡量的重要因素。通过大数据的应用，企业可以更准确地把握员工的实际表现，从而更精确地评估其绩效。大数据的应用使得企业能够将大量员工数据与绩效数据进行关联分析，发现员工绩效的影响因素。这可以帮助企业找出潜在的优秀员工和低绩效员工，并为其制定相应的激励和培训计划。通过深入分析这些数据，企业可以发现哪些因素对员工的绩效有显著影响，例如工作难度、工作负荷、工作环境、团队氛围等。这些发现能够帮助企业优化工作流程、调整资源分配、改善工作环境，从而提高整体绩效。大数据的分析还能够帮助企业发现员工的潜在能力和发展潜力。通过对员工绩效数据的分析和比对，企业可以识别出员工的优势和不足，从而为员工提供更有针对性的晋升和发展机会。这不仅可以提高员工的职业满意度和忠诚度，还可以为企业培养和保留更多优秀人才。在实践中，大数据的应用还可以帮助企业制定个性化的激励和晋升制度。通过对员工的兴趣、特长、职业规划等进行数据分析，企业可以为其制定更符合其特点的激励和晋升方案。例如，对于那些在创新和解决问题方面有潜力的员工，企业可以提供更多的挑战和机会；对于那些在客户服务方面表现优秀的员工，企业可以给予更多的客户奖励和晋升机会。同时，大数据的分析和管理还可以为企业提供更精确的决策支持。通过对员工绩效数据的分析，企业可以了解市场的需求变化、竞争对手的情况、员工的流动率等重要信息。这些信息可以帮助企业做出更明智的决策，提高企业的竞争力和市场地位。

（三）大数据在员工培训与发展规划中的应用

员工培训与发展是企业战略中至关重要的一环，它不仅关乎员工个人能力的提升，更直接影响着企业整体绩效和竞争力。随着大数据技术的广泛应用，这一领域也得到了前所未有的变革。通过大数据的应用，企业可以更好地了解员工的培训需求和发展潜力，从而制定更科学和有效的培训计划和发展规划。大数据分析具有强大的数据挖掘和整理能力，能够从海量的数据中提取有价值的信息。在员工培训与发展规划中，大数据可以应用于多个方面。首先，大数据可以通过对员工历史绩效数据的分析，发现其在工作中暴露出的不足和潜力所在，为企业提供有针对性的培训建议。这不仅可以避免传统培训中"一刀切"的弊端，还能根据员工的个性差异和职业发展需求，制定更加精准的培训计划。具体来说，大数据可以通过分析员工的任务完成情况、工作效率、客户满意度等数据，来评估员工的实际能力。其次，大数据还可以追踪员工的职业发展轨迹，根据员工的个人特点和发展需求，为其提供个性化的培训和发展建议。企业可以根据这些建议，制定相应的培训课程和发展计划，帮助员工提升技能水平和个人能力。除了提供有针对性的培训建议外，大数据还可以通过分析员工的培训数据和绩效数据的关联性，评估培训的效果和其对员工绩效的影响。通过大数据的支持，企业可以更加准确地评估培训的效果，优化培训资源的配置，提高员工的学习效果和满意度。大数据还可以帮助企业制定更为科学的员工晋升规划。通过对员工数据进行分析，企业可以预测员工的职业发展路径，为其提供合适的晋升机会和培训资源。再次，大数据还可以帮助企业识别出高潜力员工，为招聘决策提供依据，实现企业与员工的更好匹配。在大数据的帮助下，企业不仅可以增强培训效果，还可以优化资源配置，降低培训成本。最后，大数据还可以帮助企业建立长效的员工发展机制，使员工的个人成长与企业的发展目标紧密相连，形成良性互动。然而，值得注意的是，尽管大数据的应用前景广阔，但在实际操作中仍面临诸多挑战。例如，如何保证数据的准确性和完整性、如何有效地利用大数据技术进行数据分析、如何确保数据的安全性和隐私性等问题，都需要企业在应用大数据时认真考虑和解决。

三、大数据在企业财务资源管理中的应用

（一）大数据在财务风险监控中的应用

财务风险是企业在经营过程中面临的一种不确定性，包括市场风险、信用风险和操作风险等。这些风险如果不加以有效地预测和监控，可能会给企业带来重大的经济损失。因此，通过大数据的应用，企业可以更准确地预测和监控财务风险，从而采取相应的措施进行风险管理。首先，大数据分析技术可以对市场风险进行预测和监控。市场风险是由于市场波动、竞争加剧等原因而导致的风险。通过收集和分析大量的市场数据，企业可以发现市场的趋势和规律，预测市场的变化。例如，通过分析不同时间段的销售数据，企业可以预测销售量的波动情况，从而制定相应的市场策略。

此外，大数据还可以对市场竞争对手进行分析，了解其市场策略和行为，从而制定合理的竞争策略，减少市场风险。其次，大数据分析可以对企业的信用风险进行评估和监控。信用风险是指由于客户、供应商或合作伙伴违约或信用状况不佳而导致的风险。通过收集和分析大量与信用相关的数据和信息，例如交易记录、信用评级等，企业可以评估客户、供应商和合作伙伴的信用状况。通过对信用风险的准确评估，企业可以采取相应的风险控制措施，例如，加强风险防范和提高贷款利率，以降低信用风险对企业经营的不利影响。再次，大数据还可以帮助企业监控和规避操作风险。操作风险是由于内部操作过程中出现的错误、疏漏或失误而导致的风险。通过大数据分析技术，企业可以对内部操作过程进行监控和分析，发现潜在的操作风险和问题。例如，通过分析生产过程中的数据，企业可以发现生产线上的故障率超过正常范围，预测可能出现的生产中断情况，及时采取相应的维修措施，以降低操作风险对企业的影响。此外，通过大数据分析可以发现员工的操作失误情况，及时进行培训和辅导，减少操作风险。

（二）财务报表的大数据分析

财务报表是一家企业向外界提供的关于其财务状况和业绩的重要信息。利用大数据分析技术对财务报表进行深度挖掘和分析，可以帮助企业更好地了解自身的财务状况，并发现潜在的问题和机遇，从而制定相应的战略和措施，实现可持续发展。大数据分析可以帮助企业识别财务报表中的异常情况和问题。通过对大量的财务数据进行分析，可以发现财务数据的异常波动和不符合规律的情况。企业可以通过对这些异常情况的深入分析，找出产生这些异常的根本原因，并采取相应的措施进行修正。例如，如果发现某个财务指标出现了异常波动，企业可以通过大数据分析找出可能的原因，如市场供需变动、管理问题等，并及时调整相应的经营策略，以保持财务稳定和可持续发展。大数据分析还可以通过比较和趋势分析发现企业的潜在问题和机会。企业可以通过对自身和同行业企业的财务数据进行对比分析，了解自身在行业中的竞争力和地位。通过分析同行业企业的财务状况，可以了解市场的整体趋势和行业的竞争态势，为企业制定未来的发展战略提供参考。同时，企业还可以通过对过去财务数据的趋势分析，预测未来的发展趋势，制定相应的战略和计划。例如，通过对历史财务数据的分析，企业可以发现某个业务板块的增长趋势，从而决策是否加大投入来进一步拓展该板块，提高市场份额。最后，大数据分析还可以帮助企业进行财务风险评估和预测，以实现风险管理和控制。通过对大量的财务数据进行分析，可以发现财务风险的指标和模式。企业可以通过这些指标和模式，评估自身的财务风险水平，并制定相应的策略来应对潜在的风险。例如，通过分析企业的负债率、经营现金流量等财务指标，可以评估企业的偿债能力和经营稳定性，为企业制定风险防范策略提供数据支持。

（三）大数据在企业资金管理中的作用

大数据在企业资金管理中的作用是非常重要的。通过利用大数据分析技术，企业可以更加高效地进行资金调度和管理，提高资金利用效率和降低资金成本。大数据分析可以帮助企业优化资金调度和管理。通过对大量的资金流动数据和市场数据进行分析，企业可以了解资金流动的规律和趋势。这样，企业就可以根据市场的需求和资金流动的趋势，合理地安排资金调度的时间和金额。例如，如果企业发现某个时间段出现资金流动较为活跃的趋势，就可以提前做好资金准备，避免资金不足的情况发生。而如果发现某个时期的资金流动相对较少，企业就可以将闲置的资金进行有效利用，使资金实现最大程度的收益。大数据分析还可以帮助企业预测和监控资金需求和供应的情况，制定相应的资金管理策略。通过分析历史的资金需求和供应数据，结合当前的市场信息和行业趋势，企业可以预测未来的资金需求和供应情况。这样，企业就可以提前做好资金准备，避免因资金短缺而影响正常经营。同时，企业也可以根据不同的资金需求情况，制定相应的资金管理策略，使资金得到充分的利用。大数据分析对于资金成本控制也起着重要的作用。企业可以利用大数据分析技术，收集和分析与资金成本相关的数据和信息。通过对资金成本的分析，企业可以了解自身的资金成本结构和影响因素。这样，企业就可以发现降低资金成本的潜力和机会，并制定相应的降低资金成本的措施。例如，企业可以通过分析不同来源的资金成本，优化资金来源结构，选择成本较低的资金来源，从而降低企业的整体资金成本。大数据分析还可以帮助企业进行风险管理和资金安全控制。通过对大量的资金流动数据和市场数据进行分析，企业可以预测和监控资金风险，如流动性风险、市场风险和信用风险等。企业可以利用这些数据和信息，制定相应的风险管理策略和措施，确保企业的资金安全。例如，企业可以根据市场行情和风险评估报告，及时调整投资组合，降低投资风险，保护资金安全。

第六章 大数据安全与隐私保护

一、大数据安全的挑战

（一）大数据环境下的信息安全问题

在当今这个信息化、数字化飞速发展的时代，大数据已经渗透到了社会的方方面面，成为国家治理、企业经营和个人生活的重要依托。大数据环境下，信息数据呈现出体量庞大、类型多样、处理速度快的特点，这无疑给生活带来了诸多便利，但同时也带来了前所未有的信息安全问题。面对这些问题，企业应高度关注，采取有效措施加以防范。在数据的采集过程中可能面临数据源的不可信性。大数据的采集是整个信息处理过程的起点，其质量直接关系到后续信息的准确性和可靠性。然而，在实际操作中，数据可能受到多种因素的干扰，导致数据源的不稳定和不可信。例如，在数据采集过程中，可能因为设备故障、网络延迟、数据传输错误等原因导致数据丢失或损坏；在数据来源方面，可能存在数据提供商故意篡改或伪造数据的现象，从而导致采集到的数据与实际情况不符。这种数据源的不可信性会给大数据分析和应用带来严重的误导，甚至可能引发严重的后果。大数据环境中集中了许多敏感信息，如个人身份信息、财务信息等，因此需要保护这些信息免受未经授权的访问。在大数据时代，各类数据相互交织，形成了庞大的信息网络。在这个网络中，个人信息、企业机密和国家秘密等敏感信息如同一颗颗明珠，极具价值。然而，这些信息也吸引了大量的非法分子，他们利用各种手段，如网络钓鱼、社交工程恶意软件等，试图非法获取这些敏感信息。一旦这些信息被泄露，不仅会给个人带来损失，还可能给企业和国家带来严重的安全隐患。因此，在大数据环境下，保护信息安全，防止敏感信息泄露，显得尤为重要。除了数据源的不可信性和敏感信息的保护问题，大数据在存储和处理过程中也面临着黑客攻击、恶意软件和病毒的威胁。随着信息技术的不断发展，黑客攻击手段也日益翻新，呈现出专业化、智能化、隐蔽化的特点。可能通过系统漏洞、弱口令等方式，非法侵入数据存储和处理系统，窃取或破坏数据。而恶意软件和病毒则可能隐藏在数据传输过程中，一旦被激活，就会对系统造成严重的破坏，导致数据丢失、系统瘫痪等问题。这些安全问题给大数据环境带来了巨大的挑战，需要采取有效的安全防护措施，确保大数据环境的安全稳定。为了解决大数据环境下的信息安全问题，我国政府和企业已经采取了一系列措施。在法律法规方面，我国已经出台了《网络安全法》《个人信息保护法》等法律法规，明确了网络安全的责任和义务，为信息安全保护提供了法制保障。在技术防护方面，我国科研团队已经研发出了一系列先进的安全技术，如数据加密、访问控制、入侵检测等，为大数据环境下的信息安全提供了支持。在人才培养方面，我国高校和研究机构也在加大投入，培养更多的网络安全人才，提高整个社会的信息安全防护能力。

（二）大数据存储与传输的安全隐患

在当今的信息时代，大数据已经成为生活中不可或缺的一部分。然而，大数据的存储和传输过程中却存在着一些安全隐患，这些隐患可能会对数据的安全性和可靠性造成威胁。大数据的存储通常是分布式存储，这意味着数据被分散存储在多个节点上，以增加数据的安全性和可靠性。但是，这种存储方式也带来了一些问题。由于数据分散在多个节点上，如果任何一个节点出现故障，整个大数据系统可能会受到影响。此外，随着数据的不断增加，存储空间的压力也会越来越大，需要不断地进行扩容和维护。因此，对于大数据的存储系统来说，如何保证系统的稳定性和可扩展性是一个需要解决的问题。另外，大数据的传输过程中可能存在数据泄露的风险。由于大数据的规模庞大，数据的传输量也相当可观。在数据传输过程中，如果被中间人攻击获取敏感信息，那么数据的安全性将受到严重威胁。此外，由于大数据的传输通常需要借助网络进行，所以也容易受到网络攻击的威胁。因此，在大数据的传输过程中，如何保证数据的安全性，防止被攻击者窃取或篡改，是一个需要重视的问题。除了数据泄露的风险外，大数据的传输速度也是一个需要关注的问题。由于大数据的规模庞大，数据的传输速度相对较慢。如果需要在保证数据安全的前提下提高传输速度，那么就需要采取一些技术手段，如优化传输协议、使用高速网络等。此外，对于一些实时性要求较高的应用场景，如何保证数据的实时传输也是一个需要解决的问题。除了技术手段外，还需要从管理和制度层面来加强数据的安全性。例如，建立完善的数据管理制度，规范数据的采集、存储、使用和销毁等环节。同时，加强数据的安全监管，定期进行数据安全检查和风险评估，及时发现和解决潜在的安全隐患。此外，增强用户的数据安全意识也是非常重要的。用户应该了解自己的数据权利和隐私保护措施，合理使用互联网和移动设备等工具，避免在不安全的网络环境下进行敏感信息的传输和存储。

（三）大数据安全防护的策略与方法

为了保护大数据的安全，需要制定完善的安全架构和策略，并采取相应的方法和措施。首先，应制定数据安全管理制度和完善的数据权限管理机制，确保数据的访问权限仅限于授权人员。这可以通过建立访问控制机制、身份验证和授权机制等方式来实现，避免数据的未经授权访问。同时，还可以建立数据分类和访问控制策略，根据数据的敏感程度和重要性，为不同的用户和角色分配不同的数据访问权限，提高数据的安全性。其次，加强对数据的加密和隐私保护是保护大数据安全的重要策略之一。通过对数据进行加密，可以保护数据的机密性，避免在数据传输和存储过程中被非法获取和使用。可以采用对称加密算法、非对称加密算法等多种加密方法，根据数据的特点和安全需求选择合适的加密算法。此外，对于含有敏感信息的数据，还可以采用数据脱敏的方法，将真实的敏感信息替换为伪造的或经过加密的信息，以防止数据泄露。第三，选择安全可靠的存储和传输方案也是保护大数据安全的重要措施。在选择存储系统时，应优先考虑分布式存储系统，它可以提供数据的备份和冗余，提高数据的可靠性和安全性。此外，还应确保存储系统拥有良好的访问控制机制、身份验证机制和审计机制，以防止未经授权的访问和数据的篡改。在数据传输过程中，应采用安全的传输协议和加密机制，保证数据的机密性和完整性。同时，可以采用物理传输介质或虚拟专用网络（VPN）等方式，提高数据传输的安全性。第四，加强对网络安全的防护也是保护大数据的重要环节。可以采用防火墙、入侵检测和入侵防护等网络安全技术，对网络进行监控和管理。防火墙可以过滤和拦截非法的网络请求和流量，防止恶意攻击和未经授权的访问。入侵检测和入侵防护系统可以实时监测网络流量和系统行为，及时发现异常行为，并采取相应的措施进行阻断或封堵。此外，还可以建立完善的日志和审计系统，记录和监控网络和系统的运行情况，及时发现异常，追踪和分析安全事件，并进行相应的处置和处理。第五，加强对人员的安全教育和培训也是保护大数据安全的关键。员工和用户是大数据安全的重要环节，他们的安全意识和行为对数据的安全性有重要影响。因此，应加强对员工和用户的安全教育和培训，提高他们对数据安全的认识和理解。可以通过组织安全培训和教育活动，向员工和用户普及安全知识和技能，教育他们遵守安全规定和制度，加强密码安全和网络安全意识。同时，还可以建立安全宣传和宣传材料制度，定期向员工和用户发送安全提醒和提示，引导他们正确使用和保护数据。

二、大数据隐私保护的法律与考量

在大数据应用的过程中，隐私保护是一个非常重要的问题。因为大数据技术使得个人信息的获取和使用变得更加容易和广泛，可能会给个人隐私权带来威胁。因此，各国都制定了相应的法律来保护隐私权。

（一）国内外大数据隐私保护法律体系

在全球化的今天，数据隐私保护已经成为一个备受关注的议题。不同国家和地区根据自身情况，制定了相应的法律法规以保护个人数据的隐私和安全。这些法律法规在各自的法律体系中扮演着重要的角色，为个人数据提供了一定程度的保护。

1. 国际上的隐私保护法律和法规

（1）欧洲的《通用数据保护条例》（GDPR）

欧洲的《通用数据保护条例》（General Data Protection Regulation，简称GDPR）是一项具有划时代意义的法律法规，于2018年生效。GDPR是欧盟的一项全面的数据保护法律，旨在保护欧盟内部所有成员国的公民的个人数据，并规范企业对个人数据的收集、处理和存储行为。GDPR规定了个人数据的范围，强调了数据主体对个人数据的控制权，包括知情权、访问权、更正权、删除权、限制处理权和数据携带权等。同时，GDPR 对组织机构在处理个人数据方面提出了更高的要求，例如，数据保护影响评估、数据保护官的设置、数据泄露的通报等。此外，GDPR 还设定了严格的罚款制度，最高罚款金额可达企业全球营业额的 4%。

（2）美国的《隐私权法案》(Privacy Act)

美国的《隐私权法案》(Privacy Act) 是一部联邦法律，于 1972 年颁布，主要目的是保护美国公民的隐私权，规范联邦政府机构在收集、使用和公开个人数据方面的行为。Privacy Act 规定了个人数据的收集、使用和公开必须遵循，包括合法目的、最小化收集、数据准确、数据安全等。此外，Privacy Act 还赋予了数据主体一系列权利，如访问权、更正权和删除权等。值得注意的是，美国的隐私保护法律体系还包括其他一些法律法规，如《健康保险便携与责任法案》(HIPAA)、《儿童在线隐私保护法案》(COPPA) 等，这些法律法规针对特定领域和人群的隐私保护提出了具体要求。

2. 我国的大数据隐私保护法律体系

（1）《中华人民共和国个人信息保护法》(PIPL)

《中华人民共和国个人信息保护法》(Personal Information Protection Law，简称 PIPL) 是我国个人信息保护领域的基石性法律，于 2021 年 11 月 1 日起施行。PIPL 明确了个人信息处理的合法性、正当性和必要性原则，规定了个人信息处理的范围、条件和方式。PIPL 赋予了个人信息主体一系列权利，如知情权、访问权、更正权、删除权、限制处理权和数据携带权等。此外，PIPL 还对组织机构在处理个人信息方面提出了严格的要求，如数据保护官的设置、数据保护影响评估、数据泄露的通报等。PIPL 还设定了严格的罚款制度，最高罚款金额可达企业全球营业额的 5%。

（2）《网络安全法》（Cybersecurity Law）

《网络安全法》是我国网络安全领域的基本法律，于 2017 年 6 月 1 日起施行。该法律旨在维护国家安全和社会公共利益，保护公民、法人和其他组织的合法权益，促进互联网的健康发展。《网络安全法》对网络运营者在收集、存储、使用个人信息方面提出了明确的要求，要求网络运营者应当依法合规收集、使用个人信息，并采取技术措施和其他必要措施确保个人信息的安全。此外，《网络安全法》还规定了网络运营者泄露个人信息的法律责任。

（3）《国家标准 GB 24401—2019 数据隐私规范》

《国家标准 GB 24401—2019 数据隐私规范》（Data Privacy Standard GB/T 24401—2019）是我国首个针对数据隐私的国家标准，于 2019 年 12 月 1 日正式实施。该标准借鉴了 ISO/IEC 27001 信息安全管理体系的国际标准，从组织架构、政策管理、元数据管理、数据处理、数据传输、数据存储、数据访问和数据安全等方面对数据隐私保护提出了具体要求。数据隐私规范的实施有助于提高组织机构在处理个人信息方面的合规性，降低数据泄露的风险。

（二）大数据应用中的隐私权伦理问题

大数据的迅猛发展带来了许多隐私权伦理问题。尤其是在个人信息的收集和使用方面，个人的隐私权可能会受到侵犯。在大数据的背景下，个人信息的收集变得更加广泛和深入，因此需要注意尊重个人的隐私权。为了防止滥用个人信息，必须遵循收集和使用必要信息的原则，并要求事先获得个人的知情同意。只有在个人自愿的情况下才能收集和使用他们的信息，这样才能保护其隐私权。数据安全也是一个大数据应用中的重要问题。大数据涉及大量的个人和机构信息，如果这些信息泄露或遭到恶意利用，将严重影响个人的隐私和信息安全。因此，在大数据应用中，必须采取必要的安全措施来保护个人信息的安全。这包括加密数据、确保系统的安全性和跟踪数据使用等措施，以防止个人信息的泄露和滥用。此外，个人信息的传播与共享也是一个值得关注的隐私权伦理问题。大数据的分析和应用经常需要共享大量的个人信息。在共享过程中，必须保护个人的隐私权，确保个人信息的合法性和安全性。这就需要建立严格的法律法规和政策，明确个人信息的使用范围和目的，并采取适当的措施来防止信息被滥用。为了解决这些隐私权伦理问题，需要综合运用技术、法律和伦理等手段。首先，技术手段可以通过加强数据安全管理、加密技术和匿名化处理等来保护个人信息的安全。其次，法律法规的制定和执行也非常重要。国家应该制定相关法律来规范大数据应用中个人信息的收集、使用和共享，明确责任和权利，保护公民的隐私权。此外，还需要强化机构的自律和责任意识，加强对个人信息的保护教育和宣传，增强公众对隐私保护的意识。

（三）企业在大数据使用中应遵守的隐私保护原则

在大数据应用中，企业需要遵守一些隐私保护原则，以确保个人信息的隐私和安全。企业在收集和使用个人信息时，必须遵守合法、正当和必要的原则。合法性意味着企业应仅收集和使用与大数据应用目的相关的信息，不能擅自获取与其目标无关的信息。正当性要求企业在收集和使用个人信息时必须得到信息主体的知情同意，即明确告知信息主体信息的使用目的和使用方式，并经过其同意后方可进行收集和使用。企业需采取必要的安全措施来保护个人信息的安全。这包括利用加密技术来保护个人信息的传输和存储安全，确保信息在传输过程中不被非法获取或篡改。同时，企业还需要建立强有力的访问控制机制，限制只有授权人员才能访问和处理个人信息，避免信息被内部人员滥用或泄露。企业还应制定备份策略和措施，确保在数据丢失或遭到破坏时，能够及时恢复和修复个人信息，避免对信息主体的不良影响。另外，企业应在个人信息的共享和传播过程中进行合法和合规的控制。明确共享或传播的目的，确保信息的合法性和安全性，并且在共享和传播过程中严格保护个人的隐私权。企业需要与第三方进行合作时，必须与其签订明确的合作协议，明确约定个人信息的保密义务和措施。在数据传输过程中，企业应使用安全可靠的传输通道，防止信息在传输过程中被窃取或篡改。最后，企业还需要制定明确的隐私政策和规定，明确企业的隐私保护责任和义务，并定期进行隐私风险评估和安全检查，持续改进隐私保护措施。隐私政策应包括企业的个人信息收集和使用政策、个人信息共享和传播政策、个人信息安全保护措施等内容，使信息主体能够清晰了解企业的隐私保护政策和措施。企业还应定期进行隐私风险评估，及时发现和解决潜在的隐私风险，保障个人信息的安全。同时，企业应定期进行安全检查，对信息系统和数据存储设备进行安全性检测和漏洞修补，防止黑客和不法分子的攻击和侵入。

三、大数据安全与隐私保护的技术解决方案

（一）数据加密技术在大数据安全中的应用

数据加密技术是在大数据安全领域中广泛应用的一种重要手段。它通过将敏感数据进行加密，确保只有经过授权的人才能够访问和使用这些数据，从而加强数据的保密性。常见的数据加密技术包括对称加密和非对称加密。对称加密使用相同的密钥进行加密和解密操作，这种方式具有加密和解密速度快的优点，适合于大数据批量加密和解密的应用场景。但同时也需要确保密钥的安全，一旦密钥泄露，那么数据的安全性就会受到威胁。对于大数据应用中的数据传输过程，非对称加密技术常被使用。非对称加密使用一对密钥，即公钥和私钥。公钥用于加密数据，私钥用于解密数据。这种方式相对于对称加密来说，具备更高的安全性，但加密和

解密的速度较慢。在大数据应用中，可以使用非对称加密算法对数据进行加密，然后通过网络传输将加密的数据使用公钥进行加密，接收端再使用私钥进行解密，以确保数据在传输过程中不被窃取或篡改。此外，在加强数据安全性的过程中，还可以将数据根据一定的规则进行切片和分块，然后，对每个切片和分块分别进行独立的加密和解密操作。这种方式可以提高数据的安全性，即使某些切片或分块的安全性被破坏，也不会对整个数据造成影响。数据加密技术在大数据安全中的应用不仅有助于保护数据的机密性，还可以在一定程度上保护数据的完整性和可用性。通过加密，可以有效防止未经授权的访问和窃取，从而降低了数据泄露的风险。另外，对于遭受黑客攻击的情况，加密的数据可以减少攻击者对敏感信息的利用价值。同时，通过将数据进行切片和分块，可以提高数据的安全性，使得即使部分数据被攻击或泄露，也不会对整个数据造成重大影响。在实际应用中，数据加密技术仍然面临一些挑战和问题。首先，加密和解密的过程需要消耗较大的计算资源，可能对大数据的处理速度和效率产生一定影响。其次，密钥的管理和安全性也是一个重要的问题。因为密钥一旦泄露，就会导致数据的安全性被破坏。因此，密钥的生成、分发、存储和撤销需要经过精心设计和管理。此外，数据加密技术还需要与其他安全技术和措施相结合使用，以形成一个全面的数据安全保护体系。随着大数据技术的不断发展，数据加密技术也将面临新的挑战和机遇。一方面，随着大数据规模的不断扩大和数据的不断增长，如何在保证数据安全性的同时提高加密和解密的速度将是一个重要的研究方向。另一方面，随着量子计算技术的发展，传统的加密算法可能面临破解的风险，因此需要研究和开发抵抗量子攻击的新型加密技术。

（二）隐私保护技术的发展及其在企业管理中的应用

随着大数据时代的到来，隐私保护技术也得到了迅速的发展。在这个时代，隐私保护技术的应用变得越来越关键，因为大量的个人信息被收集、存储和处理，人们越来越担心自己的隐私被滥用和泄露。因此，为了保护用户的个人隐私，隐私保护技术在企业管理中变得非常重要。隐私保护技术的发展主要集中在以下几个方面。第一，数据脱敏技术可以通过对敏感数据进行部分或完全地处理，保护用户的个人隐私。数据脱敏技术包括数据加密、数据混淆和数据匿名化等方法。通过将数据脱敏处理后，敏感数据的真实价值被掩盖，从而减少了个人隐私信息被滥用的风险。第二，访问控制技术可以对敏感数据进行细粒度的控制，以确保只有授权的人可以访问和使用这些数据。访问控制技术包括身份认证、权限管理和审计等方法。通过访问控制技术，企业可以对敏感数据的访问权限进行精确控制，确保只有需要访问这些数据的人员能够获得许可，从而减少了个人隐私信息被未授权人员访问的风险。第三，隐私保护技术还涉及数据共享和数据收集过程中的隐私保护。在数据共享过程中，往往需要满足特定的条件才能共享数据，以保护个人隐私。此外，数据收集过程中也需要采取措施来保护个人隐私，例如，使用差分隐私技术可以最大限度地减少个人隐私信息的泄露。通过这些隐私保护技术，企业可以在数据共享和数据收集过程中更好地保护用户隐私，遵守相关的隐私法规和政策。

在企业管理中，隐私保护技术可以帮助企业更好地保护用户隐私，并遵守相关的隐私法规和政策。企业可以通过采用加密技术、访问控制技术和数据脱敏技术等手段来确保用户的隐私不被滥用和泄露。例如，企业可以对存储在数据库中的敏感数据进行加密，以防止未经授权的访问和使用。此外，企业还可以建立完善的隐私保护机制和内部控制体系，加强员工的隐私意识和法律意识，以保护用户的隐私。要确保隐私保护技术的有效应用，企业需要采取一系列措施。首先，企业需要制定隐私保护政策，并严格执行。这些政策应该明确规定个人隐私信息的收集、存储和使用方式，以及相关的安全措施和责任分工。其次，企业需要加强员工的隐私意识和法律意识培训。员工应该清楚了解个人隐私信息的重要性，以及应该如何正确处理和保护这些信息。此外，企业还应该进行定期的隐私保护技术演练和测试，以确保技术系统的安全性和有效性。

隐私保护技术的发展在企业管理中具有重要意义。通过采用隐私保护技术，企业可以更好地保护用户隐私，增强用户对企业的信任感，从而促进企业的发展。同时，隐私保护技术也能够帮助企业降低法律和经济风险，遵守隐私法规和政策，避免因隐私问题而带来的诉讼和罚款等问题。

（三）大数据安全与隐私保护的最佳实践案例分析

在大数据安全与隐私保护的实践中，有一些成功的案例可以作为参考。这些案例展示了不同组织和企业在保护大数据安全和隐私方面所采用的最佳实践。下面将介绍两个典型案例，即支付宝和谷歌的差分隐私技术。

首先，以支付宝为例。作为一个大数据平台，支付宝拥有大量的用户数据，如何保护用户隐私成为一个关键问题。支付宝采用了多种技术手段来保护用户隐私。首先，它采用了数据加密技术，对用户的敏感数据进行加密处理，确保数据在传输和存储过程中不会被窃取或篡改。其次，支付宝还采用了数据脱敏技术，将用户的个人识别信息进行脱敏处理，以降低数据被滥用或泄露的风险。再次，支付宝还采用了严格的访问控制机制，确保只有经过授权的人员能够访问和操作用户数据。除了技术手段外，支付宝还建立了完善的隐私保护机制和内部控制体系。它制定了严格的隐私保护政策，明确了用户数据的使用和保护原则，并且对违反政策的行为进行严肃处理。此外，支付宝还加强了员工的隐私意识和法律意识培训，使每个员工都清楚地知道如何正确处理和保护用户数据。这样的措施不仅有助于防止内部数据滥用，还能提高整个组织对数据安全和隐私保护的重视程度。因此，通过这些措施的综合应用，支付宝成功地保护了用户的隐私，赢得了用户的信任，建立了良好的声誉。

另一个应该提到的案例是谷歌的差分隐私技术。谷歌作为全球知名的互联网公司，不仅积累了大量的用户数据，还拥有广泛的产品和服务，如谷歌搜索和谷歌地图。在保护用户隐私方面，谷歌引入了差分隐私技术。

差分隐私技术通过在数据收集和发布过程中引入噪声，以保护用户的个人隐私信息。具体而言，差分隐私技术可以对数据进行一定的扰动，使得个体在数据中的贡献变得难以准确追踪，从而最大限度地减少个人隐私信息的泄露。谷歌将差分隐私技术应用于其产品和服务中。例如，在谷歌搜索中，为了提供个性化的搜索结果和广告推荐，谷歌需要收集用户的搜索历史和兴趣偏好等个人数据。然而，谷歌通过差分隐私技术，在数据处理过程中加入了噪声，保护了用户的隐私。类似地，在谷歌地图中，为了提供实时的交通状况和导航服务，谷歌需要收集用户的位置数据。但谷歌同样采用了差分隐私技术，有效保护了用户的位置隐私。

第七章　大数据的组织与团队管理

一、大数据团队的组建与管理

（一）大数据团队结构设计与成员选拔

大数据团队的结构设计是一个关键的决策，需要综合考虑多个因素。首先，团队成员的专业背景是一个重要的考虑因素。不同的专业背景可以带来不同的视角和技能，有助于团队在处理大数据方面的多样化需求。例如，数据分析师在数据处理和分析方面具有丰富的经验和技能，能够将数据转化为有用的信息。数据科学家则具备深入的数学和统计学知识，能够开发和应用复杂的算法模型来解决实际问题。数据工程师主要负责搭建和维护大数据系统，需要具备良好的编程和系统管理技能。数据安全专家则负责保护数据的安全和隐私，需要具备网络安全和数据加密等方面的专业知识。除了专业背景外，团队成员还需要具备相关的技能和经验。大数据处理的技术包括数据清洗、数据集成、数据挖掘和数据可视化等，团队成员需要熟练掌握这些技能，并能够灵活运用到实际工作中。此外，机器学习是大数据分析的关键技术之一，团队成员应该具备对机器学习算法的理解和应用能力。同时，了解和掌握最新的大数据技术和工具也是团队成员必备的能力。除了专业背景和技能，团队成员的沟通和协作能力也是至关重要的。大数据团队通常需要与业务部门和其他团队进行紧密合作，因此团队成员需要具备良好的沟通技巧和团队合作能力。他们应该能够与非技术人员沟通，理解他们的需求，并将分析结果和建议转化为易于理解和接受的形式。同时，团队成员还应该能够有效地协调和合作，共同解决问题，并取得良好的团队成果。在选拔团队成员时，除了关注其专业背景、技能和经验外，还应该考虑其性格、团队合作能力和领导潜力等因素。性格因素包括是否适应大数据工作的高压环境，是否具备创新和解决问题的能力等。团队合作能力是团队高效运作的基础，团队成员应该能够与他人合作，分享知识和经验，并协调不同成员之间的工作。领导潜力是团队未来发展的关键因素，团队成员应该具备一定的领导能力和管理技巧，能够在需要时担当起团队的领导角色，并推动团队的发展。此外，团队成员还应该具备强烈的责任心和职业道德。大数据团队通常处理大量的敏感信息和数据，团队成员应该时刻保持数据的安全性和隐私性。他们应该遵守相关的法律和规定，严格保护数据的安全，并及时报告任何安全风险和事件。同时，团队成员还应该研究和了解最新的数据保护和隐私保护技术，以确保数据的安全性和合规性。

（二）大数据团队领导力的培养与发展

在当今这个信息化迅速发展的时代，大数据已经成为企业发展的关键资源之一。大数据团队作为企业中负责处理和分析数据的核心部门，其工作效率和质量直接关系到企业决策的准确性和竞争力。因此，大数据团队领导力的培养与发展显得尤为重要。团队领导应具备技术和管理方面的双重能力。大数据团队的工作涉及复杂的数据处理分析技术，团队领导必须掌握这些技术，才能更好地指导团队成员。同时，团队领导还应具备优秀的管理能力，包括决策能力、组织协调能力等，以便更好地调动团队成员的积极性和创造力，引导他们共同为实现团队目标而努力。团队领导应积极参与团队活动，与团队成员保持密切的沟通和合作。领导者的积极参与不仅可以提高团队成员的工作热情，还可以促进团队成员之间的交流和合作。领导者在团队活动中应扮演积极的角色，不仅仅是指导者，更是团队成员的伙伴。通过与团队成员共同解决问题，领导者可以更好地了解团队成员的需求和潜力，从而为团队成员提供更有针对性的支持和帮助。团队领导应关注团队成员的专业发展，为他们提供必要的培训和支持。大数据领域的发展日新月异，团队成员需要不断学习新知识、新技能以适应行业的发展。团队领导应关注团队成员的职业发展需求，为他们提供培训和学习机会，帮助他们在专业领域取得更大的进步。同时，团队领导还应鼓励团队成员参加行业会议和研讨会，拓宽他们的视野，增强在行业内的竞争力。此外，团队领导应鼓励团队成员之间的协作和交流，以促进团队的凝聚力。大数据团队的工作往往需要跨学科的知识和技能，团队成员之间的协作和交流可以促进知识的共享和互补，提高团队的整体工作效率。团队领导应创造一个开放、包容的工作氛围鼓励团队成员积极表达自己的意见和建议，充分尊重团队成员的个性差异。通过搭建协作平台，团队领导可以促进团队成员之间的合作实现团队资源的优化配置。最后，团队领导应积极寻求外部资源和支持，以推动团队的发展和进步。大数据团队的发展需要不断的技术创新和人才培养，这些都需要大量的资源投入。团队领导应积极与上级领导、其他部门和行业合作伙伴沟通，争取更多的资源和支持。同时，团队领导还应关注行业动态，把握行业发展趋势，为团队的发展提供有益的指导和决策支持。

（三）大数据团队合作流程与沟通机制

建立一个有效的大数据团队合作流程是非常重要的。在这个流程中，团队成员需要分工合作，每个人需明确自己的责任和任务，并且确保数据的准确性和完整性。首先，数据收集是整个流程的第一步，团队成员确定需要收集哪些数据以及获取这些数据的方法。其次，数据处理是将原始数据转化为可分析的形式的过程，团队的数据工程师需要处理这些数据，使其符合分析的要求。再次，数据分析是团队成员根据收集和处理的数据进行具体分析的环节，可以采用各种统计和机器学习方法进行分析。在这个过程中，团队成员需要确保使用正确的分析方法，并且能够解释结果。最后，结果解释和报告撰写是团队成员将分析结果呈现给业务人员或领导的环节，团队成员需要清晰地解释分析结果，并将其整理成易于理解和阅读的报告。在整个合作流程中，团队成员之间需要建立有效的沟通机制。这可以通过定期会议来实现，其中每个团队成员可以分享自己的进展和问题。此外，在线协作工具可以帮助团队成员在工作过程中交流和共享信息。团队成员还可以使用项目管理软件来跟踪任务的进展情况，并确保每个人都能按时完成任务。因此，合适的工具和方法可以提高团队的协作效率和沟通效果。除了工具和方法，团队成员之间的关系也非常重要。建立信任和尊重的关系可以促进团队的凝聚力和稳定性。团队成员应该互相支持和尊重彼此的工作，避免造成不必要的冲突和紧张氛围。这可以通过建立良好的团队文化和激励机制来实现，例如，鼓励团队成员彼此合作、分享经验和知识，并给予正确的奖励和认可。在实际操作中，团队应该将合作流程和沟通机制制成一个标准的操作手册，并不断进行更新和改进。团队应该对流程中的每个环节进行评估和反思，以便找到问题并及时解决。此外，团队还应该接受培训和学习，以提高团队成员的技能和知识水平，从而提高整个团队的工作效率和质量。

二、大数据人才的培养与引进

（一）大数据相关人才培养计划与体系建设

随着大数据技术的快速发展和广泛应用，培养和引进大数据人才已经成为当前各个行业和企业亟待解决的问题。为了应对这一挑战，需要建立一套完善的大数据相关人才培养计划和培养体系。大学和高等教育机构应该优化大数据专业的专业设置，增加大数据相关的学科方向，如大数据分析、大数据挖掘、大数据处理等。通过提供更多的学科方向，可以更好地满足不同行业和企业对大数据人才的需求。同时，可以设置专门的大数据实验室和实训基地，为学生提供实践机会，加强他们的实际操作能力。这些实践机会可以包括大数据分析、数据挖掘、数据处理等项目实践。通过实践，学生可以将理论知识应用到实际问题中，培养解决实际问题的能力。大学和高等教育机构可以与企业建立合作关系，共同开展大数据人才培养项目。通过与企业合作，学生可以接触到真实的大数据项目，了解企业的需求和实际应用情况，提高他们的实际分析和解决问题的能力。这种合作可以体现在多个层面上，包括实习、项目合作、导师制等。企业可以提供实际案例和数据，指导学生进行实践项目，帮助他们更好地了解和应用大数据技术。另外，还可以组织大数据竞赛和比赛，鼓励学生参与其中。通过大数据比赛，可以让学生在实际场景中应用他们所学到的知识和技能，锻炼他们的团队合作和解决问题的能力。大数据竞赛可以分为个人竞赛和团队竞赛，既可以提供个人能力的锻炼，也可以培养团队协作和沟通的能力。此外，还可以邀请行业内的专家和学者参与评审，提供专业的指导和建议，为学生提供更好的学习和成长环境。为了提高大数据人才的培养质量，还可以建立大数据人才培养质量评估体系。通过对大数据专业的培养计划、教学内容、教师队伍等进行评估，可以及时纠正培养中存在的问题，提高培养效果。评估体系可以包括学生综合素质评估、教学质量评估和课程设置评估等多个方面。学生综合素质评估可以通过考核学生的学术成绩、实践能力、团队合作沟通能力、创新能力等来进行评估。教学质量评估可以包括对教师的教学效果和教材的适用性等进行评估。课程设置评估可以通过定期调研学生的需求和行业的需求，进行重点课程的调整和优化。评估体系可以通过第三方来进行评估，确保评估结果的客观和公正。

（二）大数据人才引进策略与渠道探索

在当前信息化、数字化时代背景下，大数据作为一项关键的生产力，已经成为国家竞争力的核心要素。为了推动我国大数据产业的快速发展，并确保在全球大数据领域的领导地位，不仅需要培育本土的大数据人才，同时也要通过引进策略，补充和加强大数据人才队伍的建设。因此，制定并实施一套高效的大数据人才引进策略，不断探索和拓宽引进人才的渠道，显得尤为重要。首先，必须对当前大数据人才的供需状况有一个全面而深入的了解。具体而言，要准确把握大数据行业的发展趋势，分析现有人才结构的优缺点，以及未来人才需求的规模和类型。在此基础上，可以有针对性地制定引进策略，确保人才引进工作能够与行业发展需求相匹配。其次，要积极探索多样化的数据人才引进渠道。一方面，可以通过政策引导，为大数据人才创造一个优越的工作和生活环境。这包括提供有竞争力的薪酬待遇、完善的社会保险和福利体系，以及子女教育等配套措施。同时，要重视对大数据人才职业发展的规划，为他们提供充足的事业发展空间和多元化的发展路径。另一方面，要加强与国际接轨，特别是与国外知名高校和研究机构的合作。通过建立联合研究中心、学术交流项目、博士后流动站等方式，引进海外的高级大数据专家和学者。这不仅能够提升我国大数据领域的研究水平，还能够促进国内外大数据人才的交流与互动，激发创新的活力。再次，还需创新人才引进模式，例如，实施人才交流计划、设立特别项目等。通过这些举措，可以吸引更多的国内外优秀人才参与到我国的大数据事业中来。在此过程中，要充分利用各种平台和载体，如行业会议、专业竞赛、创新创业项目等，让引进的大数据人才有用武之地，充分施展他们的才华。与此同时，企业作为大数据产业发展的主力军，应当在人才引进中发挥关键作用。政府应鼓励和支持企业参与人才引进工作，比如提供税收优惠、资金扶持等政策，帮助企业吸引和培养大数据人才。企业则要积极承担社会责任，建立健全内部人才培养机制，为大数据人才提供施展才华的舞台。在人才引进的过程中，还要重视人才队伍的结构性优化。这意味着，不仅要引进顶尖人才，还要关注中低层人才的培养和引进，形成一个完整的人才生态链。通过这种全方位、多层次的人才引进策略，可以确保我国大数据人才队伍的持续壮大和竞争力提升。最后，要实现大数据人才的有效引进，还需要建立一套完善的人才评价和激励机制。这包括对引进人才的工作绩效进行客观评估，为他们提供必要的荣誉和奖励，以及建立健全的退出机制，确保人才队伍的活力和竞争力。

（三）大数据人才队伍的稳定性与成长性分析

大数据人才队伍的稳定性和成长性对于一个企业或一个行业的发展至关重要。为了确保大数据人才队伍的稳定性和成长性，需要进行全面的分析和评估，并采取相应的措施。首先，需要对大数据人才队伍的组成和结构进行分析。这可以通过统计和调查等方式实现，了解大数据人才的分布情况、人数、专业背景、技能水平等。通过这些信息，可以清晰地了解大数据人才队伍的现状，包括人才的数量、质量以及他们的专业技能分布等。这一分析将为人才战略规划提供重要依据。其次，需要对大数据人才队伍的发展情况进行深入的分析。这包括对人才的职业发展状况、晋升机会、培训机会等进行调查和评估。通过这些信息，可以了解大数据人才队伍的成长性，为他们提供更好的发展机会和培训资源，以助力他们实现个人价值的同时，也为企业创造更大的价值。再次，还需要对大数据人才队伍的留存情况进行研究。这可以通过调查和问卷等方式实现，了解大数据人才的离职率、流动率等。通过深入分析，可以找出导致人才流失的原因，进而采取相应的措施，如改善工作环境、提高薪资待遇、提供更多的职业发展机会等，以增加人才的留存率。在此基础上，需要加强大数据人才队伍的管理和培养。这需要设立完善的人才管理制度，提供更多的培训和发展机会，以提高人才队伍的满意度和忠诚度。此外，还可以设立激励机制，如提供晋升机会、更高的薪资和福利待遇等，以激发人才的积极性和创造力，让他们更加积极地投入到工作中，为企业创造更多的价值。

在实践中，除了前文提到的几个关键点外，还有一些其他方面也需要注意。一是要关注大数据人才队伍的多元化。在构建大数据团队时，需要充分认识到不同人才具备不同的优势和特长。有些人擅长数据分析和挖掘，有些人擅长数据可视化和呈现，还有些人擅长数据治理和安全。因此，需要善于发现并利用这些优势，打造一支多元化的大数据人才队伍，以满足不同领域、不同项目对人才的需求。二是要注重人才培养的长期性。大数据人才的培养需要时间和精力，不能急于求成。招聘到的人才可能并不具备全部所需技能，因此需要有耐心和决心，为他们提供持续的培训和发展机会，帮助他们不断提升自己的专业技能和综合素质。这样的培训计划可以包括内部培训、外部培训、学术合作等形式，以保证人才在技能和知识方面的不断进步，并能够与时俱进。三是要建立良好的沟通机制。与大数据人才保持良好的沟通关系是至关重要的，这有助于深入了解他们的需求和想法，从而提供及时、有效的反馈和支持。沟通可以通过定期的个人、团队或部门会议来进行，也可以通过一对一的沟通方式来实现。针对大数据人才的不同需求，比如给予技术指导、提供学习资源、解决工作中的问题等，需要及时予以帮助和支持，以增强他们对企业的信任感和归属感。

此外，在实践中还有一些其他需要注意的方面。首先是要建立健全工作机制和流程。大数据工作需要高效、有序地进行，因此需要制定相应的工作机制和流程，以保证工作在规定的时间内完成，并具有一定的质量。

其次是要注重团队协作和配合。大数据工作通常是一个团队合作的过程，需要各个岗位之间的配合和协作。因此，需要建立良好的团队文化，加强团队协作，提高团队凝聚力和战斗力。最后是要持续关注技术的发展。大数据技术是一个不断发展和创新的领域，因此需要紧跟技术的脚步，关注新技术的应用和发展趋势，以保证自己始终处于技术的前沿。

三、大数据文化的营造与传承

随着大数据技术的迅速发展，大数据应用已经深入到各个行业和企业中。为了更好地发挥大数据的潜力，企业需要营造和传承一种大数据文化，通过培养大数据意识、加强大数据技能和推动大数据应用，为企业的发展提供支撑。

（一）大数据企业文化的重要性和表现

大数据企业文化是指企业在内部形成的关于大数据的价值观、行为规范和思维方式。建立和发展大数据企业文化的重要性不言而喻，因为它能够激发员工的创造力和创新意识，提升组织的竞争力和适应能力，实现企业的可持续发展。大数据企业文化的表现主要体现在几个方面。

第一，大数据企业文化强调数据驱动的决策。它鼓励员工在决策过程中充分利用数据分析和挖掘技术。通过数据驱动的决策，企业能够更准确地判断市场需求，改进产品和服务，提高效率和盈利能力。数据驱动的决策使企业能够更有效地应对业务挑战和变化，减少主观决策的风险。

第二，大数据企业文化鼓励创新和实验精神。它为员工提供了一个良好的创造和实验的环境。员工被鼓励提出新的想法和解决方案，并积极推动创新实践。通过不断尝试和实验，企业可以发现新的商机和增长点，提高市场竞争力。创新和实验精神是大数据企业文化中的一种核心价值观，它能够促进企业在快速变化的市场中立于不败之地。

第三，大数据企业文化强调数据共享和协作。它鼓励员工之间的数据共享和跨部门合作，在组织内部打破信息孤岛。通过共享数据和知识，企业能够更好地解决问题和提升效率。数据共享和协作能够消除组织内部的沟通障碍，促进团队合作，从而实现优胜劣汰和持续竞争优势。

第四，大数据企业文化注重数据安全和隐私保护。它强调数据的安全和合规性，加强数据管理和监控措施。只有保证数据的安全和隐私保护，企业才能够获得用户的信任和支持，建立良好的品牌形象。数据安全和隐私保护是大数据企业文化中的一项重要原则，企业必须制定和实施相应的政策和措施，确保数据被安全的存储、传输和处理。

（二）大数据文化的创新实践

大数据文化是促进创新实践的基础，而创新又是大数据发展的重要驱动力。在企业营造和传承大数据文化的基础上，可以激发员工的创新激情和创造力，推动创新实践的开展。

第一，大数据文化鼓励员工打破传统思维模式，勇于尝试和创新。传统思维往往限制了企业的发展，而大数据分析可以帮助企业发现新的商机和创新点。通过分析大数据，企业可以挖掘市场需求和用户行为的变化，从而改变传统的市场营销策略，找到更适合市场需求的创新方案。

第二，大数据文化鼓励员工积极进行创新实验，不断尝试新的想法和解决方案。通过实验的方式，企业可以验证和改进创新的可行性和效果。大数据技术的快速发展和创新，使得企业可以更快速、更准确地收集和分析数据，从而更好地理解市场和用户需求，为企业的发展提供有力支撑。

第三，大数据文化还需要为员工提供相应的新工具和技能。例如，企业可以通过培训和学习，提升员工的数据分析和挖掘能力，让他们能够更好地利用大数据进行创新实践。企业可以引入先进的大数据分析软件和工具，帮助员工更快捷地处理和分析海量数据。同时，大数据文化也需要提供合适的团队合作和协作工具，让员工可以更好地沟通和交流，促进创新实践的展开。

第四，大数据文化鼓励企业建立和支持创新团队，并为其提供相应的资源和支持。创新团队是企业创新实践的重要推动力量。通过集中精力解决关键问题和挑战，创新团队可以推动创新实践的不断深化和发展。企业可以为创新团队提供合适的研发空间和设备，让他们可以更好地开展创新实践，同时也需要提供必要的财务和人力资源支持，让创新团队能够顺利运作和发展。

（三）大数据价值观在企业管理中的渗透

大数据价值观在企业管理中的渗透是指将大数据的核心价值观融入企

业的管理理念和实践中，以实现企业目标和提升管理效能。具体而言，大数据价值观在企业管理中的渗透主要体现在以下几个方面。

第一，大数据价值观强调数据驱动的管理决策。传统上，企业的管理决策往往基于经验和直觉，缺乏科学的依据。而大数据价值观鼓励在管理决策中充分利用数据分析和挖掘技术。通过对大量的数据进行分析和挖掘，企业能够更准确地了解市场需求和用户行为，从而制定切实可行的管理策略和措施。例如，通过对用户行为数据的分析，企业可以了解用户的购买偏好和消费习惯，从而优化产品设计和销售策略。

第二，大数据价值观强调以客户为中心的管理。在大数据时代，企业可以通过分析和挖掘大量的客户数据，深入了解客户需求和行为，从而制定个性化的产品和服务策略。以客户为中心的管理能够提升客户满意度和忠诚度，增加市场份额和收入。例如，通过对客户购买历史和行为轨迹的分析，企业可以向客户提供个性化的推荐和定制化的服务，提升客户体验和价值。

第三，大数据价值观强调数据驱动的绩效管理。传统的绩效管理往往以主观评价为主，因此存在评价标准不统一和评估结果不客观的问题。而大数据价值观强调在绩效管理中借助数据来进行目标制定、绩效评估和激励考核。通过数据驱动的绩效管理，企业可以更准确地评估员工的表现和贡献，提高绩效激励的精准性和有效性。例如，通过对销售数据和客户反馈数据的分析，企业可以评估销售人员的业绩，确定目标和激励方案，并提供相应的培训和支持。

第四，大数据价值观强调数据安全和隐私保护。在大数据时代，企业面临着更加复杂和严峻的数据安全和隐私保护挑战。大数据价值观强调在企业管理中加强数据管理和监控措施，确保数据的安全和合规性。只有保证数据的安全和隐私保护，企业才能够有效应对数据泄露和侵权风险，确保企业的可持续发展。例如，企业可以通过引入数据加密技术、建立严格的数据访问和使用权限管理制度等方式来保护数据安全和隐私。

第八章　大数据对企业合作与竞争的影响

一、大数据驱动的合作模式

（一）大数据如何推动企业间合作

随着大数据技术的快速发展，企业间合作的方式和模式发生了翻天覆地的变化。以往，企业间的合作主要依赖于人工的信息交流和决策制定，这种方式不仅效率低下，而且容易受到人为因素的影响，导致决策的准确性和可靠性难以保证。然而，大数据的出现彻底改变了这一现状。首先，大数据为企业间合作提供了强大的数据支持。以往，企业之间的信息交流主要依赖于传统的文件、邮件等方式，这种方式不仅传递速度慢，而且容易丢失和损坏。而现在，企业可以通过大数据平台共享和分析海量的数据，从而更好地了解市场需求、消费者行为和竞争对手的动态。这些数据不仅数量庞大，而且来源广泛，包括市场调查、社交媒体、电商平台、企业内部信息系统等等。通过大数据的分析和挖掘，企业可以发现隐藏在数据背后的规律和趋势，从而做出更准确的决策，这不仅包括产品的定位和开发、市场推广的策略，还包括供应链的优化等方面。这些决策将直接影响企业的运营效率和经济效益。其次，大数据在企业间合作中的应用还可以帮助企业更好地了解市场环境，为合作伙伴提供准确的市场需求信息，从而促进合作伙伴之间的协同和合作。在传统的人工信息交流模式下，企业很难全面、准确地了解市场需求和消费者行为，这往往会误导企业的决策制定，导致资源的浪费。而现在，通过大数据的分析和挖掘，企业可以更准确地把握市场动态，了解消费者的真实需求，从而为合作伙伴提供更有价值的市场信息。这不仅可以提高企业间的协同效率，还可以帮助企业更好地满足消费者的需求，提高企业的市场竞争力。再次，大数据还可以推动企业间合作的创新。通过分析大数据，企业可以发现新的商机和合作可能性。例如，通过分析消费者的购买行为和喜好，企业可以找到合适的合作伙伴来开展跨界合作，提供符合消费者需求的综合解决方案。这种跨界合作不仅可以打破行业间的壁垒，实现资源的优化配置，还可以为企业带来更多的市场份额和竞争优势。最后，大数据还可以帮助企业发现新的业务模式和商业机会，例如，基于数据分析的精准营销、个性化推荐等，这些新的商业模式将为企业带来更多的发展机遇。

（二）大数据平台合作模式的案例分析

大数据平台合作模式是指企业间通过共享大数据平台进行合作的一种模式。通过利用大数据平台，企业可以共享数据资源，进行数据的共同分析和挖掘，从而实现合作伙伴之间的协同和合作。在这种模式下，企业可以有效地利用大数据平台提供的各种功能和工具，开展各种合作活动，从而实现业务增长和运营效率的提升。

一个典型的案例就是阿里巴巴集团的 1688 平台。作为一个历史悠久的电商平台，它已经成为众多企业的首选，尤其是对于那些寻求业务扩展和合作机会的企业来说，1688 平台无疑是一个不可或缺的平台。作为一个面向企业的电商平台，1688 平台为企业提供了采购、销售和合作等多种服务。这使得企业可以在一个平台上完成各种业务需求，大大提高了效率，降低了成本。通过 1688 平台，企业可以共享采购和销售的数据，进而更好地了解市场需求和供应链的动态。在这个过程中，企业可以实时掌握市场趋势，预测未来的需求，从而及时调整自己的生产和销售策略。这种数据共享和透明化的机制，使得企业之间的合作更加紧密，供应链的效率得到了极大的提升。企业可以通过 1688 平台找到合适的供应商和渠道合作伙伴。在激烈的市场竞争中，一个可靠的供应商和渠道合作伙伴是至关重要的。通过 1688 平台，企业可以快速筛选出符合自己需求的供应商和合作伙伴，减少了寻找和谈判的时间和精力。这样不仅可以提高供应链的效率，还可以降低交易风险，使企业更加专注于自己的核心业务。此外，1688 平台还为企业提供了丰富的资源和机会，共同开展业务，提高供应链的效率和灵活性。例如，企业可以通过平台上的各种活动和交流平台，与供应商和合作伙伴进行深入的沟通和合作，共同研发新产品，提高产品的质量和竞争力。这种紧密的合作关系，使得供应链的响应速度更快，应对市场变化的能力更强。另外，大数据在1688平台上得到了广泛的应用，它为企业提供了更准确的市场情报和数据分析结果。通过大数据分析，企业可以深入挖掘消费者的需求和行为，从而有针对性地制定产品和营销策略。这种个性化的服务和精准的营销策略，不仅可以提高销售额和市场占有率，还可以增强企业的品牌影响力和忠诚度。同时，大数据也为1688平台本身提供了强大的支持。平台可以根据大数据分析结果，优化算法和推荐系统，提供更加精准的商品推荐和搜索结果。这不仅可以提高用户体验，还可以进一步吸引更多的用户和商家入驻平台，促进平台的繁荣和发展。除此之外，1688平台还为企业提供了各种金融和保险服务，以满足企业在不同发展阶段的需求。例如，平台上的金融机构可以为中小企业提供贷款、融资等金融服务，帮助他们解决资金问题，扩大生产和研发新产品。同时，保险服务也可以为企业提供风险保障，降低意外事件对业务的影响。

另一个值得一提的案例是京东集团的大数据平台。作为一家以数据驱动为核心的企业，京东深知数据的重要性，并积极构建自己的大数据平台，为企业提供各种数据分析和挖掘的服务。通过这个平台，企业可以更好地了解市场和消费者需求。在当今的市场环境中，消费者行为的变化速度极快，企业需要不断地了解消费者的需求和喜好，以便能够提供更好的产品和服务。京东的大数据平台为企业提供了丰富的数据资源，包括销售数据、用户行为数据、产品评价数据等，这些数据可以帮助企业更好地了解市场和消费者需求，获得准确的市场情报和消费者行为分析结果。企业可以根据这些数据制定更优化的产品和营销策略。在大数据的帮助下，企业可以根据消费者的行为和偏好，制定更加精准的营销策略和产品开发计划。例如，企业可以根据用户在京东平台上的购买历史和浏览行为，预测消费者可能感兴趣的产品，并制定相应的营销策略，提高产品的销售量和用户满意度。京东的大数据平台还为企业提供了更广阔的视野，帮助企业更好地满足消费者的需求。通过大数据分析，企业可以发现新的市场机会和消费者需求，从而开发出更加符合消费者需求的产品和服务。同时，京东的大数据平台也为企业的创新提供了支持，帮助企业不断优化产品和服务，提高企业的竞争力和市场占有率。除了提供给企业各种数据分析和挖掘的服务外，京东的大数据平台还通过与供应商和渠道合作伙伴进行数据共享，实现供应链的协同和合作。在这个过程中，京东的大数据平台发挥了重要的作用。通过共享数据，京东可以帮助供应商和渠道合作伙伴更好地了解市场需求和消费者行为，从而制定更加精准的生产和销售计划。同时，京东还可以根据合作伙伴的需求和反馈，优化自身的供应链运营，提高整个供应链的效率和灵活性。京东的大数据平台还为供应链的优化提供了更多的可能性。通过大数据分析，京东可以发现供应链中的瓶颈和问题，并采取相应的措施进行优化。例如，京东可以根据销售数据和库存数据，预测未来的市场需求和库存水平，从而制定更加合理的采购和库存计划。同时，京东还可以通过与其他供应链合作伙伴的数据共享和协作，提高整个供应链的协同效率，降低运营成本和提高服务质量。

除了阿里巴巴和京东，还有很多其他企业也在积极探索和实践大数据平台合作模式。近年来，大数据在企业管理和运营中的作用逐渐受到重视。据统计，全球90%的数据是在最近两年内产生的，这说明了大数据的快速增长和巨大潜力。在这种背景下，各行各业的企业纷纷开始利用大数据平台来进行数据分析和挖掘，从而更好地适应市场变化和满足消费者需求。美国的亚马逊公司是大数据应用的典范之一。亚马逊通过自己的大数据平台，为企业提供各种数据分析和挖掘的服务。通过这个平台，企业可以获得实时的市场动态信息，了解消费者的需求和喜好。亚马逊通过对顾客购买行为的分析，可以准确预测市场需求，并根据这些数据进行产品的开发和营销策略的制定。例如，亚马逊可以根据用户的购买历史和搜索记录，向用户推荐相关产品，提高销售转化率和用户满意度。同时，亚马逊也与供应商和渠道合作伙伴进行数据共享，实现供应链的协同和合作，提高整个供应链的效率和灵活性。大数据平台的合作模式有很多种，包括数据共享、数据合作和数据治理等。在数据共享方面，企业可以与不同的平台和合作伙伴进行数据共享，通过整合各方的数据资源，提高数据的综合利用效益。例如，在零售行业中，各个品牌可以共享销售数据和用户行为数据，从而更好地了解市场趋势和消费者需求，并进行精准的目标营销。在数据合作方面，企业可以与其他企业合作进行数据挖掘和分析，共同开展市场研究和产品开发。通过共同分析和挖掘数据，可以更好地发现潜在的市场机会，提高产品的竞争力。在数据治理方面，企业可以建立数据共享平台，对数据进行规范管理和安全保护，确保数据的质量和可信度。大数据平台的合作模式不仅可以提升企业的竞争力，还可以促进行业的发展和创新。通过跨界合作和数据共享，可以加强行业间的协调和合作，形成产业联动效应。例如，在汽车工业中，汽车制造商可以与零部件供应商和智能技术企业进行合作，共同开展智能汽车的研发和推广。通过共享车辆数据和驾驶行为数据，可以提高汽车的智能化水平和安全性能。同时，大数据平台的合作模式也可以促进创新的产生。通过对大数据的分析和挖掘，企业可以发现新的商机和发展方向，进而推动创新的发展。例如，亚马逊通过对用户的搜索行为和购买历史的分析，不断推出符合用户需求的新品类和新型号，保持了长期的市场领先地位。

另一个例子是中国的腾讯公司。腾讯是一家拥有强大大数据平台的公司，通过该平台，为企业提供了数据分析和挖掘的服务，使得企业能更好地了解市场和消费者需求。这样的服务对于企业来说非常重要，因为它们可以通过腾讯平台获得准确的市场情报和消费者行为分析结果，从而更好地制定产品和营销策略。腾讯公司的大数据平台具有多个功能和优势。它能够收集大量的数据并进行分析，从而帮助企业了解市场的潜力和趋势。这些数据包括但不限于消费者的购买记录、社交媒体上的讨论和评论以及其他行业趋势等。通过对这些数据的分析，腾讯能够提供企业所需的市场情报，使它们能够更好地把握市场动态，做出更明智的决策。腾讯的大数据平台还能帮助企业进行消费者行为分析。消费者是市场上最重要的组成部分，因此，了解消费者的行为和偏好对企业来说非常重要。通过腾讯的平台，企业可以获得关于消费者购物偏好、产品喜好和购买习惯等数据，这能帮助企业更好地了解自己的目标消费群体，从而制定更有针对性的产品和营销策略。另外，腾讯也与供应商和渠道合作伙伴进行数据共享。这种合作有助于实现供应链的协同和合作，从而提高整个供应链的效率和灵活性。通过与供应商和渠道合作伙伴共享数据，腾讯能够帮助企业更好地了解供应链的状态，从而做出更合理的决策。而且，这种数据共享也可以让供应链各方更好地协调和沟通，减少不必要的时间和成本，提高企业的竞争力。除此之外，腾讯的大数据平台还可以提供定制化的解决方案，根据企业的具体需求来进行数据分析和挖掘。这些定制化的解决方案可以帮助企业更好地适应不同的市场环境和竞争态势，从而更好地实现业绩目标。

（三）大数据在供应链协同中的应用

大数据在供应链协同中有着越来越广泛的应用。利用大数据的分析和挖掘，企业能够更深入地了解供应链中各个环节和节点的状态和需求，从而做出更准确的决策和调配。首先，大数据可以帮助企业更好地预测市场需求和订单量。通过分析消费者的购买行为和趋势，企业能够预测未来的市场需求和订单量，从而合理制定生产计划和采购计划。这样一来，可以避免库存积压或者缺货的问题，提高供应链的效率和响应速度。其次，大数据能够帮助企业实现供应链的可视化和透明化。通过对大数据进行分析和挖掘，企业可以实时了解供应链中各个环节的状态和进度，从而及时发现和解决问题。举个例子，企业可以通过监控物流的实时数据来追踪货物的运输情况，这样就能够及时发现并解决延迟或丢失的问题。这种可视化和透明化的供应链管理方式可以提高供应链的可靠性和灵活性。大数据还能够帮助企业进行供应链的优化。通过对供应链中各个环节和节点的数据进行分析，企业可以找到优化的空间和机会。举个例子，企业可以通过分析供应商的交付准时率和质量表现来选择更优质和可靠的供应商，从而提高供应链的质量和效率。同时，通过分析和优化物流的路线和配送方式，企业还可以降低物流成本，提高供应链的利润率。值得注意的是，大数据在供应链协同中的应用并非一蹴而就，企业需要通过建设相关的信息系统和数据平台来支持大数据的应用和分析工作。此外，企业还需要注意数据安全和隐私保护的问题，遵循相关法规和规定，确保大数据的应用过程中不会危害到企业和消费者的利益。

二、大数据对企业竞争力的提升

（一）大数据分析在提升企业竞争力中的作用

在当今这个信息化、数字化时代，大数据分析已经成为企业提升竞争力的重要手段。大数据分析，作为一种通过对海量数据进行挖掘、处理、分析和解释的技术，可以帮助企业深入了解市场动态，精准把握客户需求，优化运营管理，从而提升企业的核心竞争力。首先，大数据分析能够帮助企业挖掘和发现潜在商机。在激烈的市场竞争中，企业要想始终保持领先地位，就必须具备敏锐的市场洞察力。而大数据分析正是实现这一目标的有效手段。通过对大数据的分析，企业可以了解消费者的需求和偏好，挖掘出那些未被满足的市场需求，从而为企业提供新的业务增长点。同时，大数据分析还能帮助企业预测市场趋势，以便及时调整产品策略和营销手段，从而更好地满足客户的需求，提高产品竞争力。其次，大数据分析能够帮助企业进行精细化运营。在过去的经营管理中，企业往往采用一刀切的方式进行市场推广和产品销售，这种方式往往难以满足客户的个性化需求。而大数据分析的出现，使企业得以摆脱这种粗放式经营模式。通过对海量数据的分析，企业可以准确地把握客户的特征和行为模式，为客户提供个性化的产品和服务。这样一来，不仅能够提高用户体验，增强客户满意度，还能提高客户忠诚度，从而增强企业的市场竞争力。再次，大数据分析还可以帮助企业进行市场预测和风险评估。市场预测是企业制定战略规划的重要依据，而大数据分析技术正好能够为企业提供准确的市场预测数据。通过分析大数据，企业可以了解市场的实际需求，及时调整产品和市场策略，降低市场风险。同时，大数据分析还能帮助企业发现潜在的运营风险，从而提前采取措施，避免企业陷入困境。在这个过程中，大数据分析有助于提高企业的市场竞争力。

然而，要想充分利用大数据分析的优势，企业需要具备一定的数据处理和分析能力。这并不是一项简单的任务，需要企业投入大量的人力和物力资源。为了更好地应对这一挑战，企业可以选择两种途径来提高自身的数据处理和分析能力：自主研发大数据分析技术或与专业的大数据分析企业合作。对于大多数企业来说，第二种途径更为现实且更具优势。与自主研发相比，与专业的大数据分析企业合作具有诸多优势。首先，专业的大数据分析企业拥有丰富的经验和先进的技术，可以提供更高效、更准确的大数据分析解决方案。他们熟悉各种数据处理和分析方法，能够根据企业的需求和实际情况，提供定制化的数据分析服务，帮助企业快速获取有价值的数据洞察。其次，与专业的大数据分析企业合作可以节省企业的时间和精力，避免在自主研发过程中可能遇到的种种困难和挑战。此外，专业的数据分析企业还可以为企业提供持续的技术支持和培训，帮助企业不断提升数据处理和分析能力，确保在竞争激烈的市场中保持领先地位。通过与专业的大数据分析企业合作，企业可以快速地获取大数据分析能力。这不仅有助于提升企业的竞争力，还可以帮助企业更好地应对市场变化和竞争压力。首先，大数据分析可以帮助企业更好地理解市场趋势和客户需求，从而制定更具有针对性的市场营销策略和产品开发计划。这不仅可以提高企业的销售额和市场占有率，还可以降低营销成本和产品开发风险。其次，大数据分析还可以帮助企业优化生产流程和供应链管理，提高生产效率和产品质量。这不仅可以降低企业的生产成本和运营风险，还可以提高客户满意度和忠诚度。通过大数据分析，企业可以及时发现生产过程中的问题和瓶颈，并采取相应的措施加以改进。在合作过程中，企业与专业的大数据分析企业可以共同制定一份详细的合作计划，以确保双方的合作能够顺利进行。计划中应该包括数据采集、数据处理、数据分析、结果呈现等各个环节的具体步骤和时间安排。双方应该明确各自的职责和义务，确保数据的安全性和保密性。同时，企业应该注重与专业数据分析企业的沟通与交流，及时反馈问题和需求，以便双方共同解决问题并取得更好的合作成果。

（二）大数据与企业核心竞争力的构建

大数据已经成为当今社会的重要资源，它可以被视为企业构建核心竞争力的重要支撑。企业可以通过大数据的分析，深入挖掘并利用企业内部和外部的资源，进而制定适应市场需求的策略，实现优化运营和降低成本，进行创新和差异化，从而提高自身的核心竞争力。通过大数据的分析，可以深入挖掘并利用企业内部和外部的资源。在大数据时代，数据不再仅仅是一个数字或者一组信息的表现形式，而是成为企业决策的重要依据。企业可以通过分析大数据，了解自身的资源状况和竞争对手的资源配置，从而制定出更加精准、有效的策略，增强自身的核心竞争力。例如，企业可以利用大数据技术对市场趋势进行分析，预测未来的市场需求，并根据市场需求调整自身的产品和服务，以满足消费者的需求。此外，企业还可以通过大数据技术分析自身的运营数据，发现并解决存在的问题，提高运营效率，降低运营成本。大数据的分析能够帮助企业实现优化运营和降低成本。通过大数据的分析，企业可以深入了解自身的运营情况，识别出运营过程中的瓶颈和浪费，并通过优化流程、提高生产效率等方式，实现优化运营。这不仅可以提高企业的生产效率，降低生产成本，还可以提高企业的服务质量，增强客户满意度，从而增强企业的核心竞争力。同时，企业还可以通过大数据技术对市场趋势进行分析，预测未来的市场变化，提前做好应对措施，降低市场风险，提高企业的抗风险能力。大数据的分析还可以帮助企业进行创新和差异化。在大数据时代，数据成为企业创新的源泉。通过对大数据的分析，企业可以了解市场需求和消费者行为，发现新的商机和创新点，从而提供出独特的产品和服务。例如，企业可以利用大数据技术对消费者的购买行为进行分析，发现消费者的偏好和需求变化趋势，进而开发出更加符合消费者需求的产品和服务。此外，企业还可以通过大数据技术对竞争对手进行分析，了解竞争对手的优势和劣势，从而制定出更加具有差异化的竞争策略。此外，大数据还可以帮助企业实现智能化管理。通过大数据技术对企业的各项数据进行实时监测和分析，可以帮助企业及时发现潜在的风险和问题，并采取相应的措施进行解决。同时，智能化管理还可以提高企业的决策效率和管理效率，降低管理成本和风险。

（三）大数据在客户关系管理中的应用

在当今这个信息化、数字化的时代，大数据作为一种极具价值的信息资源，已经成为企业发展的关键因素。客户关系管理（Customer

Relationship Management，简称 CRM）作为企业核心竞争力的体现，其目标在于通过提升客户满意度、忠诚度，从而实现企业业绩的持续增长。将大数据技术应用于客户关系管理中，不仅能为企业带来更高的效益，还能在市场竞争中占据有利地位。本文将从大数据在客户关系管理中的应用角度，详细探讨帮助企业更好地理解客户需求、提供个性化服务、提高客户满意度和忠诚度，以及预测客户行为等方面。需要明确大数据在客户关系管理中的作用。大数据技术使得企业能够对海量客户数据进行实时收集、处理和分析，从而更加准确地了解客户的购买历史、偏好、生活习惯等信息。通过对这些数据的挖掘和分析，企业能够全面了解客户需求，为客户提供更加贴合其需求的产品和服务。在这个过程中，企业需要关注数据的真实性和完整性，以确保分析结果的准确性。在此基础上，大数据技术可以帮助企业实现个性化服务。基于客户的购买历史和偏好，企业可以通过算法分析向客户提供个性化的推荐，提高销售转化率和客户忠诚度。例如，电商平台可以根据用户浏览和购买记录，为其推荐相似商品或相关服务，从而提高用户的购物体验和满意度。此外，企业还可以通过大数据分析了解客户的需求变化，及时调整产品和营销策略，以满足客户不断变化的需求。除了个性化服务，大数据在客户关系管理中还可以发挥重要作用，即客户维护和预测。通过对大数据的分析，企业可以实时追踪客户的活动和反馈信息，及时发现并解决问题，提高客户满意度和忠诚度。例如，在客户使用产品过程中遇到问题时，企业可以通过大数据分析迅速定位问题原因，为客户提供有效的解决方案。这种主动服务的模式有助于提升客户对企业的信任和满意度。同时，基于大数据的分析，企业还可以预测客户的需求和行为。通过对客户数据的挖掘和分析，能够发现客户行为背后的规律，为企业提前制定相应的营销策略提供有力支持。例如，在零售行业，企业可以通过大数据分析预测节假日期间的销售趋势，提前备货和制定促销活动，从而提高市场竞争力。此外，大数据分析还可以帮助企业预测潜在流失客户，从而采取措施进行挽回，降低客户流失率。

在实际应用中，大数据技术在客户关系管理中的价值体现得更为具体。大数据技术的运用不仅能有效地提高企业的业务效率和客户满意度，更能为企业提供强大的数据支持，帮助企业制定更科学、更精准的营销策略，更好地优化客户服务流程和资源配置，识别潜在的风险，提前采取措施进行防范。以下是一些具体的应用场景：

1.客户细分：大数据技术的应用可以根据大量的客户数据对客户进行细分，为企业制定营销策略提供重要的依据。通过对客户数据进行深入的分析，企业可以将客户划分为不同群体，如根据年龄、性别、地域、消费能力、购物习惯等因素，将客户划分为不同年龄段、性别偏好、地域特征、消费能力段、购物习惯等群体。这样的细分能够帮助企业更准确地了解不同群体的需求，针对性地制定更具有个性化的营销策略，提供更有针对性的产品和服务，从而提高客户的满意度和忠诚度。

2.客户画像：大数据技术不仅能帮助企业进行客户细分，更能在此基础上构建出深入了解客户的"画像"，即客户画像。通过大数据分析，企业可以深入了解客户的消费习惯、兴趣爱好、生活状态、心理状态等信息，从而为客户提供更加精准的个性化服务。这样的服务能够极大地提高客户的满意度，增强企业的竞争力。

3. 营销效果评估：大数据技术为企业提供了强大的数据支持，使得企业能够实时监测营销活动的效果，评估广告投放、促销活动等营销手段的成效。企业可以根据监测结果，及时调整营销策略，以实现最优的投入产出比，提高市场竞争力。同时，大数据技术还能帮助企业发现新的市场机会和客户需求，为企业的创新发展提供强大的数据支持。

4. 客户服务优化：客户服务是客户关系管理中的重要一环。通过对客户反馈和投诉数据的分析，企业可以发现客户服务中的不足之处，并采取相应的优化措施。例如，在客户服务热线中，通过大数据分析客户咨询的问题和解决方法，企业可以优化客户服务流程和资源配置，提高客户服务效率和满意度。此外，大数据技术还能帮助企业预测客户可能的反馈和投诉，提前做好应对措施，减少客户的不满和投诉。

5. 风险管理：大数据技术可以帮助企业识别潜在的风险，提前采取措施进行防范。在金融行业，企业可以通过大数据分析识别欺诈行为和信用风险，降低企业损失。此外，大数据技术还能帮助企业分析市场趋势和竞争对手的行为，从而更好地应对市场变化和竞争压力。

三、大数据对产业生态的重塑

（一）大数据如何改变传统产业生态

大数据的应用给传统产业带来了前所未有的机遇和挑战。在这个过程中，大数据的应用为传统产业带来了解放，使其走出了无序和闭塞的状态。以零售业为例，传统的零售业依靠经验和直觉来做决策，而大数据的应用可以提供全面的消费行为数据和市场趋势，帮助企业做出更准确和科学的决策。大数据的应用不仅使传统产业的决策过程更科学，而且可以为传统产业带来更多商业机会和增值服务。大数据的应用可以帮助企业发现新的商业机会。通过对大数据的分析和挖掘，企业可以了解潜在的消费需求和市场趋势。例如，通过分析用户的购买行为和偏好，企业可以精准地了解不同消费者的需求，为每个消费者提供个性化的产品和服务，从而实现差异化竞争。大数据的应用还可以帮助企业进行市场预测，预测未来的需求和趋势，从而更好地调整产品结构和市场定位。大数据的应用还可以提供更多的增值服务。传统产业可以通过大数据的分析和挖掘，了解消费者的购买行为和偏好，为消费者提供个性化的推荐和定制化的服务。例如，基于用户的个人信息和购买记录，企业可以向消费者提供个性化商品推荐和定制化的购物体验，从而提高消费者的购物满意度和忠诚度。大数据的应用也可以加速传统产业的转型升级。传统产业面临着市场竞争加剧和资源约束等问题，而大数据的应用可以提供更多的信息和支持，帮助企业更好地适应市场的变化和做出战略调整。通过对大数据的分析和挖掘，企业可以及时了解市场动态和竞争对手的行为，从而及时调整自身的业务模式和市场策略。大数据的应用还可以帮助企业优化运营和管理，提高生产效率和降低成本。

然而，大数据的应用也为传统产业带来了一些挑战。首先，大数据的应用需要企业具备相关的技术和人才。由于技术和人才的相对匮乏，很多传统企业在大数据时代无法迅速转型，导致竞争力下降。因此，传统企业需要积极培养和吸引大数据相关的技术人才，提升自身的技术能力。其次，大数据的应用可能涉及用户隐私和个人权益等问题，需要企业合理使用和保护数据。在收集和分析大数据时，企业要注重保护用户的隐私，并合法合规地使用数据。同时，企业还要积极采取措施保护数据的安全性，防止数据泄露和被滥用。最后，大数据的全面应用可能会导致一些传统产业的淘汰和衰退，需要企业重新评估和调整自身的定位和战略。大数据的应用可能会改变传统产业的产业链和价值链，因此，企业需要及时调整自身的定位和战略，寻找新的增长点和业务机会。同时，企业还要积极开展技术创新和业务创新，提升自身的竞争力。

（二）大数据驱动的产业融合与创新

大数据的到来对于产业之间的融合和创新起到了至关重要的推动作用。通过整合和分析不同产业之间的数据，大数据技术能够实现资源的共享和优势的互补，从而促进协同合作。举例来说，通过与物流和供应链等产业的合作，零售业能够更加准确地把握产品的流通情况和消费需求，从而优化供应链和提高效率。同时，大数据技术的应用还能够为传统产业带来创新和转型的机会。借助大数据的分析和应用，传统产业能够开创新的商业模式和运营方式，实现创新和升级。例如，传统金融业可以通过大数据的分析和预测，为客户提供个性化的金融产品和服务，满足不同客户的需求，提高竞争力和盈利能力。此外，大数据技术还能够促进产业之间的跨界合作和创新。不同产业的企业可以通过共享数据和资源，进行跨界合作和创新，从而创造更多的商业机会和增长点。比如，汽车制造企业可以与科技公司合作，利用大数据分析驾驶数据，提供车辆安全预警系统，以及智能驾驶技术的发展。这种合作既推动了汽车产业的创新升级，也为科技公司带来了新的业务增长。除了促进产业之间的融合和创新，大数据驱动还能够带动经济发展和社会进步。首先，产业融合和创新能够带来更高的生产效率和质量水平，提高企业和产业的竞争力。通过大数据技术的应用，企业能够更加准确地了解消费者需求，提供更精准的产品和服务，满足市场需求，从而实现更好的销售业绩。其次，大数据技术的应用还能够促进资源的有效利用和节约，降低成本和资源浪费，推动可持续发展。比如，通过物联网和大数据技术的结合，智能家居可以更好地利用能源，实现节能减排的目标。最后，大数据的应用还能够促进科学研究和创新，推动社会发展和进步。比如，医疗领域能够利用大数据分析病例和医学文献，提供更准确的诊断和治疗方案，改善人们的健康状况。然而，大数据驱动的产业融合和创新也面临一些挑战和问题。首先，数据隐私和安全问题是一个重要的考量因素。大数据的应用和分享过程中，个人隐私的保护和数据安全的保障是必不可少的。其次，数据的质量和可信度也是一个关键问题。大数据的应用需要保证数据的质量和可靠性，才能够产生准确的分析结果和决策，从而推动产业的转型和创新。再次，数据标准的统一和共享平台的建设也是一个需要解决的难题。不同产业之间的数据标准存在差异，不同的数据平台之间缺乏互操作性，限制了产业融合和创新的发展。为了解决这些问题，政府和企业需要共同努力，制定相关的政策和规范，加强数据保护和隐私保护。同时，还需要加强数据质量的管理和监测，建立统一的数据标准和共享平台，促进数据的互通和共享。此外，还需要加强人才的培养和技术的研发，提高数据分析和应用的能力，推动产业融合和创新的发展。

（三）大数据时代的企业战略联盟形式

在大数据时代，随着数据量的激增和数据类型的多样化，企业之间的竞争已经从单打独斗转变为合作共赢。在这种背景下，企业战略联盟形式成为一种非常重要的合作方式，可以帮助企业整合各自的资源和优势，实现互利共赢。企业可以通过数据共享和合作，提高数据的质量和覆盖范围，实现更准确和全面的数据分析和挖掘。在大数据时代，数据是企业的核心资产之一，通过数据共享和合作，企业可以获取到更多的数据资源，并且可以从多个角度对数据进行更深入的分析和挖掘，从而获得更全面的信息，帮助企业更好地了解市场需求、竞争态势和潜在机会。这种合作方式还可以提高数据的准确性，避免数据的不一致性和误差，从而更好地支持企业的决策和行动。企业可以通过共同投资和开发大数据平台和应用，降低研发和运营成本，提高竞争力。在大数据时代，技术和平台的投入是非常重要的，但是单靠一个企业的力量很难完成所有的研发和运营工作。通过战略联盟形式，企业可以共同投资和开发大数据平台和应用，不仅可以分摊成本和风险，还可以共享技术和资源，提高研发和运营的效率和质量。这种合作方式还可以帮助企业更好地掌握大数据技术和应用的发展趋势，及时跟进最新的技术和应用，保持企业的竞争力和市场领先地位。企业还可以通过战略联盟形式共同开展市场拓展和产品创新，实现资源共享和风险分担，提高市场的占有率和份额。在大数据时代，市场的竞争越来越激烈，企业需要不断地拓展市场和开发新产品来保持竞争力。通过战略联盟形式，企业可以共同开展市场拓展和产品创新，实现资源共享和风险分担，提高市场的占有率和份额。这种合作方式可以帮助企业更好地了解市场和客户的需求和偏好，及时调整产品和市场策略，提高企业的市场适应能力和竞争力。

　　然而，企业战略联盟也面临一些挑战。首先，企业之间的差异和矛盾可能导致合作的障碍。不同企业之间存在着不同的利益和目标，可能存在文化、管理、经营理念等方面的差异和矛盾。需要通过充分的沟通和协商来解决合作中的问题，建立互信、互相尊重和理解的关系，确保合作的顺利进行。其次，企业之间的技术和管理能力差距可能影响合作的效果。不同企业之间的技术和管理水平存在差异，可能导致在合作过程中出现技术和管理方面的瓶颈和问题。需要通过互相学习和合作的过程来提高合作的效率和质量，弥补技术和管理能力的差距，确保合作的顺利进行。再次，网络安全和数据保护也是企业战略联盟中需要注意的问题。在大数据时代，数据的安全性和保密性非常重要。在合作过程中，需要建立完善的网络安全和数据保护机制，确保数据的完整性和安全性，避免数据泄露和被攻击的风险。

第九章　大数据在市场营销中的应用

一、大数据对市场洞察的提升

（一）大数据在市场趋势分析中的应用

市场趋势分析在企业决策中起着重要的作用，它能够帮助企业洞察市场状况、把握发展机遇，并作出相应的调整和决策。传统的市场趋势分析方法主要依赖于市场调研和统计数据，这种方法在数据量较小、采样难以全面覆盖的情况下存在一定的局限性。而随着大数据时代的到来，大数据技术为市场趋势分析提供了更加全面、准确的数据支持，能够帮助企业更好地洞察市场并抓住机遇。大数据通过对大规模数据的收集、分析和挖掘，能够揭示那些常规分析所无法捕捉到的市场趋势和潜在机遇。传统的市场调研方法通常只能收集到有限的样本数据，并且采样方法可能存在偏差，这样的数据无法全面反映市场状况。而大数据技术可以收集和分析来自各种渠道的数据，例如社交媒体、电子商务平台等，这些数据量大且多样化，能够提供更加全面的市场信息。通过对大数据进行分析和挖掘，企业可以发现市场中的一些潜在趋势，比如新兴需求、新兴产品、新兴消费群体等，从而及时调整企业的营销策略和产品定位，抓住机遇并取得竞争优势。大数据技术还可以通过分析社交网络上的用户评论和推荐，了解消费者对不同产品或服务的态度和偏好，为企业的市场定位提供参考。传统的市场调研通常需要花费较长的时间和资源，才能收集到一定数量的消费者反馈意见。而通过大数据技术，企业可以实时地获取到大量的用户评论和推荐信息，并通过文本挖掘、情感分析等技术手段来抽取消费者的态度和偏好，从而更加准确地了解市场需求，并根据消费者反馈进行产品的改进和优化。此外，大数据技术还可以实现个性化推荐，根据用户的浏览和购买历史等数据，为用户提供个性化的产品推荐，提高用户的满意度和忠诚度。大数据技术还可以帮助企业实时监测市场的动态，及时识别市场上的新兴趋势。传统的市场趋势分析通常需要花费较长的时间和资源，才能收集到一定数量的数据并进行整理和分析。而大数据技术可以实现对市场的实时监测，及时收集和分析市场的各种数据，包括销售数据、竞争对手的动态、消费者行为等，从而更好地预测市场的发展趋势，并及时作出调整和决策。比如，通过对销售数据的实时监测和分析，企业可以了解到产品的热销情况和销售趋势，从而及时调整产能和供应链，以满足市场需求。此外，通过对竞争对手的动态进行监测和分析，企业可以了解到竞争对手的产品定价、促销活动等信息，从而更好地制定竞争策略。

（二）大数据分析消费者行为模式

大数据技术的出现，为企业深入理解和把握消费者行为提供强大的工具。消费者行为模式，就是研究消费者在购买过程中的行为、习惯、心理等一系列活动的规律。这对于企业来说，无疑是最宝贵的信息，因为它直接关系到企业的市场营销策略的制定和调整。传统的消费者行为研究方法，如问卷调查，虽然可以直接获取消费者的主观意见，但是其结果受到诸多因素的影响，如样本的选择、问卷的设计等，往往难以做到全面和准确。而且，问卷调查只能获取到表面的信息，对于消费者的真实购买行为和背后的动机往往难以准确把握。然而，随着大数据技术的发展，这一切都得到了极大的改善。大数据分析，不仅仅是收集和整理数据，更重要的是对数据进行深入的挖掘和分析，从中发现数据之间的联系和规律。这对于理解消费者的购买行为有着革命性的意义。首先，大数据分析可以帮助企业了解消费者的购买偏好。在电商平台，每一个消费者的购买记录、浏览行为、评价留言，都是宝贵的数据。通过对这些数据进行深入分析，企业可以知道消费者最喜欢购买哪一类的产品，最喜欢什么样的价格，最喜欢的购买渠道等等。这些信息，对于企业优化产品线、调整定价策略、制定促销活动等都有着直接的影响。其次，大数据分析可以帮助企业了解消费者的购买习惯。消费者的购买行为并非一成不变，而是随着外部环境、内在心理等因素的变化而变化。通过大数据分析，企业可以了解消费者在不同的时间、地点、情境下的购买习惯，从而更好地满足消费者的需求。

再次，大数据分析还可以帮助企业了解消费者的购买动机。消费者的购买行为背后，往往有着深层次的动机。这些动机可能与消费者的个人喜好、生活需求、社会影响等因素有关。通过大数据分析，企业可以深入挖掘这些动机，从而更好地满足消费者的需求。最后，大数据分析还能揭示消费者之间的联系和影响。消费者并非孤立地存在，他们之间存在着各种联系，如朋友、家人、同事等。通过大数据分析，企业可以了解这些联系，从而实施精准营销。例如，企业可以通过分析消费者的社交网络，了解他们的兴趣爱好、生活习惯等，从而进行更加个性化的推荐。

（三）大数据在市场细分与定位中的作用

大数据在市场细分与定位中发挥着重要的作用。传统的市场细分与定位依赖于市场调研和人工判断，但这种方法存在一定的主观性和不准确性。相比之下，大数据的应用可以在更全面、准确的基础上实现市场细分和定位。通过对大规模数据的分析，企业可以发现不同市场细分的特征和规律。例如，通过分析消费者的地理位置、购买记录和社交网络信息，企业可以将消费者划分为不同的群体。传统的市场细分常常是基于一些宏观因素，比如消费者的年龄、性别和收入水平。而借助大数据，企业可以更细致地了解消费者的喜好、兴趣和行为，从而将消费者细分为更具体、更精准的群体。这种定制化的细分能够帮助企业更好地满足消费者的需求，提供更个性化的产品和服务。此外，大数据还能够帮助企业定位目标客户，找到最具潜力的消费者群体，以提高市场竞争力。

传统的市场定位常常是基于一些经验和直觉，往往局限于企业内部的知识和认知。而大数据的应用可以打破这种局限，通过分析海量的数据，企业可以发现一些隐藏在数据背后的规律和趋势。这些规律可能是企业之前没有意识到的，但它们却能够揭示出市场中最有潜力和最有价值的消费者群体。企业可以通过针对这些群体的定制化营销活动和广告宣传，提高市场的精准度和效果，从而获得更多的销售和收益。大数据还可以帮助企业实时了解市场动态，迅速调整市场战略。随着技术的发展，越来越多的数据以高速和大量的方式产生和传输。企业可以利用这些数据来监测市场的变化，实时了解消费者的需求和偏好变化。通过及时对市场反馈和数据分析，企业可以迅速调整自己的产品定位和营销策略，以应对市场的变化和竞争的挑战。这种敏捷性和灵活性让企业能够更好地把握市场机会，提高市场竞争力。然而，大数据在市场细分与定位中的应用也面临一些挑战。首先，大数据的分析和处理需要大量的计算资源和技术专长，对于一些中小企业来说可能是一个难以跨越的门槛。其次，大数据中蕴含着大量的个人信息，这就涉及信息安全和隐私保护的问题。在利用大数据进行市场细分与定位时，企业需要确保符合相关法律法规，保护消费者的个人隐私。再次，大数据分析的结果也需要经过人工的判断和理解，才能转化为实际的营销策略和行动。因此，企业需要建立起专业的团队和流程，来确保大数据的应用能够真正地为市场细分与定位提供有价值的支持。

二、大数据在个性化定制中的应用

在当今互联网时代，个性化定制已经成为企业发展和服务客户的重要手段。而大数据作为一种全新的信息资源，为企业提供了更大的空间和机会来实现个性化定制。在个性化定制的过程中，大数据可以发挥重要作用，帮助企业了解客户的需求、喜好和偏好，从而根据客户的特点和需求，为其定制个性化的产品或服务。

（一）基于大数据的个性化推荐系统

个性化推荐系统在大数据应用中扮演着重要的角色。它通过收集和分析海量用户行为数据，能够根据用户的兴趣、消费习惯、搜索记录等信息，为用户提供个性化的产品或服务推荐。这种推荐不仅能够提高用户的购买体验，还能够对企业的销售额和用户忠诚度产生积极影响。举个例子，电子商务平台可以通过分析用户的浏览记录、购买历史和评价等信息，为用户推荐其可能感兴趣的商品。这种个性化推荐系统能够有效地降低用户搜索和选择商品的时间和成本，提高用户的购买满意度。对于电子商务平台来说，个性化推荐系统能够为用户提供与其兴趣相关的商品推荐，从而提高用户的购买满意度。通过分析用户的行为数据，个性化推荐系统能够了解用户的喜好和偏好，并根据这些信息向用户推荐其可能感兴趣的商品。例如，如果一个用户经常购买健身相关的产品，个性化推荐系统可以推荐给他其他的健身器材、健身服装等相关商品。这样，用户就不需要浏览大量的商品页面来搜索自己感兴趣的商品，节省了用户的时间和精力。同时，用户能够得到符合自己需求的商品推荐，提高了购买的满意度。个性化推荐系统不仅能够提高用户的购买体验，还能够对企业的销售额产生积极影响。通过为用户提供个性化的商品推荐，企业能够提高销售转化率和订单价值。当用户看到自己感兴趣的商品被推荐出来时，他们更有可能进行购买。根据调查研究，个性化推荐系统能够提高企业的销售额，有些企业甚至能够增加 30% 的销售额。除了提高销售额之外，个性化推荐系统还能够提高用户的忠诚度。当用户对个性化推荐系统的推荐结果感到满意时，他们更有可能继续使用该系统，并对该企业保持忠诚。忠诚的用户不仅能够带来稳定的销售额，还能够通过分享和口碑带来新的用户，进一步扩大企业的市场份额。个性化推荐系统在背后运用了大数据分析和机器学习的技术。首先，个性化推荐系统需要收集和存储大量的用户行为数据，例如浏览记录、购买历史、评价等。然后，通过对这些数据的分析，个性化推荐系统能够获得用户的兴趣和偏好等信息。最后，借助机器学习的算法，个性化推荐系统能够对用户的数据进行挖掘和分析，并根据用户的兴趣和偏好为其提供个性化的推荐结果。这些算法能够根据不同用户的行为模式和历史数据，自动学习和优化推荐结果，从而提高推荐的准确性和效果。个性化推荐系统的实现涉及多个环节和技术。首先，个性化推荐系统需要具备数据收集和存储的能力。它需要能够快速、准确地收集和处理用户的行为数据，然后将这些数据存储在适当的数据仓库或数据库中。其次，个性化推荐系统需要具备数据分析和挖掘的能力。它需要能够对收集到的用户行为数据进行分析和挖掘，从中提取出用户的兴趣和偏好等信息。再次，个性化推荐系统需要具备推荐算法和模型的能力。它需要根据用户的兴趣和偏好，利用机器学习的算法对用户的数据进行建模和预测，为用户提供个性化的推荐结果。最后，个性化推荐系统需要具备推荐结果的展示和推送的能力。它需要能够将个性化的推荐结果以适当的方式展示给用户，并及时推送给用户，以提高推荐的效果和用户的购买满意度。

（二）大数据与个性化营销策略的结合

在当今这个信息化时代，大数据作为一种重要的战略资源，已经渗透到了各个行业和领域。特别是在市场营销领域，大数据与个性化营销策略的结合，更是为企业带来了前所未有的机遇。个性化营销，简单来说，就是基于用户的行为数据和偏好，为用户提供个性化的营销活动和信息，以提高用户的参与度和回应率。而大数据的出现，使得个性化营销得以真正实现。首先，大数据为个性化营销提供了强大的数据。在传统的市场营销中，企业对于用户的了解往往局限于基本的人口统计信息，如年龄、性别、收入等。然而，这些信息并不能真正反映用户的内心需求和行为特征。大数据的出现，改变了这一现状。通过分析用户的消费行为数据和社交媒体数据，企业可以深入了解用户的兴趣、喜好和需求，从而为个性化营销提供有力支持。消费行为数据主要包括用户在购物过程中的浏览历史、购买记录、评价反馈等。这些数据反映了用户的消费习惯和偏好，是企业进行个性化营销的重要依据。例如，某电商平台可以根据用户的浏览历史和购买偏好，给用户发送特定商品的折扣优惠券，从而提高用户的购买意愿。社交媒体数据则包括用户在社交媒体上的活动记录、互动情况、发表言论等。这些数据反映了用户的兴趣爱好、价值观和社交需求，是企业进行个性化营销的另一重要依据。例如，某航空公司可以根据用户的旅行记录和喜好，为其定制个性化的旅行方案，从而提高用户的满意度和忠诚度。其次，大数据可以帮助企业精准定位目标客户群。在过去，企业在进行市场营销时，往往采用"一刀切"的方式，向所有用户推广相同的产品或服务。然而，这种方式往往效果不佳，因为它没有考虑到用户的个体差异。大数据的出现，使得企业可以对用户进行精准定位，从而实现个性化营销。通过分析用户的消费行为数据和社交媒体数据，企业可以找出具有相似特征的用户群体，并为他们制定个性化的营销策略。例如，某电子产品制造商通过分析用户的购买记录和浏览历史，发现了一个对高性能电子产品有需求的用户群体。于是，针对这一群体推出了专门的高性能电子产品，并采用定向广告的方式进行推广。结果，这款产品的销量大幅上升，企业的市场竞争力也得到了提高。再次，大数据还可以帮助企业优化营销内容和传播渠道。在传统的市场营销中，企业在选择营销内容和传播渠道时，往往依赖于经验和直觉。然而，这种方式并不一定能够取得良好的效果。大数据的出现，使得企业可以更加科学地选择营销内容和传播渠道。通过分析用户的消费行为数据和社交媒体数据，企业可以了解用户的喜好和需求，从而制定出更符合用户需求的营销内容。同时，企业还可以根据用户的行为数据，选择最合适的传播渠道，提高营销效果。例如，某服装品牌通过分析用户的购买记录和浏览历史，发现用户对时尚、潮流的内容更感兴趣。于是，针对这一特点，在营销内容中加入了更多的时尚元素，并以社交媒体作为主要的传播渠道。结果，这款服装品牌的知名度和销量都得到了显著提高。

（三）个性化定制与大数据分析的互动

个性化定制和大数据分析之间存在着密切的互动关系。个性化定制的实施需要依赖大数据的支持，而大数据的应用也需要对个性化定制的需求有所了解。通过运用大数据分析，企业能够更加深入地了解用户的需求和行为，从而为用户提供更加个性化的产品或服务。而个性化定制的实施又可以通过收集用户的反馈和行为数据来进一步优化和改进大数据分析模型，从而提升个性化定制的效果。以汽车制造商为例，他们可以通过大数据分析了解用户对不同车型、配置和颜色的偏好。通过分析用户在购车过程中的需求和行为数据，汽车制造商可以将这些信息应用于个性化定制中，为用户提供符合其需求的汽车。例如，如果根据大数据分析发现用户普遍偏好某一特定型号的车辆，那么汽车制造商可以加大对该型号的生产和推广力度。同时，通过收集用户的反馈和使用数据，汽车制造商能够深入了解用户对现有产品的满意度和改进建议，从而有效地改进产品的设计和性能。这样一来，在为用户提供个性化定制的同时，汽车制造商也能够不断提高个性化定制的准确性和用户满意度。大数据分析还能够为个性化定制提供更加细致入微的服务。通过分析用户的行为数据，企业可以了解用户的喜好、兴趣和购买习惯，从而针对不同用户提供个性化的推荐产品或服务。比如，根据大数据的分析结果，企业可以推荐用户可能感兴趣的商品或文章，从而提高用户的购买意愿和参与度。通过这样的个性化推荐，企业能够更好地满足用户的需求，提升用户的消费体验和忠诚度。此外，大数据分析还可以帮助企业实现更加精细化的营销策略。通过分析用户的偏好和行为数据，企业能够更好地定位目标用户，并且针对不同用户制定不同的营销策略。比如，在推广活动中，企业可以根据用户的购买偏好和消费能力，进行个性化的优惠券发放或商品打折，从而提升用户的购买意愿和参与度。通过这样的个性化营销策略，企业能够更好地吸引和留住用户，提高销售额和市场份额。

三、大数据对市场推广的支持

（一）大数据在广告投放优化中的作用

广告投放优化对于市场推广来说是至关重要的环节，而大数据在此过程中发挥着关键作用。通过收集、整理和分析大量的广告投放数据，企业可以实现广告投放的个性化和精准化，从而提高广告效果。大数据可以帮助企业精确定位目标受众。通过对用户行为数据进行分析，企业可以了解用户的兴趣、需求和消费习惯，从而制定出更符合目标受众需求的广告策略。以搜索引擎广告投放为例，通过分析用户的搜索行为，可以精准推送相关性强的广告内容，提高广告的点击率和转化率。大数据还可以帮助企业优化广告创意和投放策略。通过对广告投放效果的数据分析，企业可以了解不同广告创意、投放渠道和投放时间对广告效果的影响，从而制定出更有效的广告策略。比如，在社交媒体广告投放中，通过分析不同创意、不同投放时间的广告数据，可以找出最佳广告创意和投放策略，提高广告的投放效果。大数据还能够帮助企业实时监测和评估广告效果，实现广告投放的动态优化。通过对广告投放数据的实时监测和分析，企业可以及时发现广告投放中出现的问题，并采取相应的措施进行调整，保持广告投放的有效性和效率。例如，在广告投放过程中，如果发现某个广告创意的点击率较低，可以及时调整广告创意，提高广告效果。大数据还可以帮助企业进行广告投放的预测和优化。通过对历史广告投放数据进行分析，可以发现用户的消费行为和购买偏好，从而有针对性地制定出更具吸引力的广告内容和投放策略。比如，如果某个用户在过去频繁点击和购买某类产品，那么企业可以在未来的广告投放中更加强化这类产品的宣传和推广，提高广告的转化率和销售额。另外，大数据还可以帮助企业进行竞争对手广告分析。通过对竞争对手广告的数据收集和分析，企业可以了解竞争对手的广告投放策略和效果，从而制定出更具竞争力的广告策略。例如，通过分析竞争对手的广告创意和投放渠道，企业可以找出竞争对手的优势和不足，进而制定出更具针对性的广告策略，提升自身的竞争优势。

（二）大数据驱动的社交媒体营销策略

社交媒体在现代商业环境中扮演着越来越重要的角色，它已经成为企业与消费者进行互动、建立品牌形象和推动产品营销的重要平台。而大数据技术的广泛应用，则为社交媒体营销提供了强大的支持，使企业能够更好地了解用户需求，制定出更加有效的社交媒体营销策略。首先，大数据可以帮助企业深入了解用户需求和行为。通过对社交媒体上用户的发言、评论、点赞等行为数据的收集、整理和分析，企业可以获得关于用户兴趣、需求和痛点的更全面、更准确的信息。这些数据不仅可以帮助企业制定出更加符合用户需求的营销策略，还可以为企业提供预测性的分析，使企业能够更好地应对市场变化和竞争压力。例如，在分析用户发言时，企业可能会发现某一产品的使用体验受到了质疑，这时，企业可以及时调整产品策略，优化产品功能或提供相应的售后服务，以提高用户满意度。其次，大数据可以帮助企业进行更加精准的社交媒体内容营销。通过对用户行为数据的分析，企业可以了解哪些类型的内容更容易引起用户的关注和互动，哪些话题更能够激发用户的讨论热情。通过对这些信息进行深入挖掘，企业可以制定出更加有吸引力的内容策略，使企业的社交媒体平台更具影响力。例如，在分析用户点赞和转发数据时，企业可能会发现用户更喜欢具有实用性、教育性或情感性的内容，这时，企业在内容创作时可以更加注重这些元素，提高内容的传播效果。再次，大数据还可以帮助企业实现社交媒体广告的精准投放。通过对用户数据的分析，企业可以了解用户的年龄、性别、地域等基本信息，从而实现广告的精准投放。这不仅可以提高广告的效果和效率，还可以降低企业的广告成本和风险。例如，在 Facebook 等社交媒体平台上，企业可以通过对用户数据的分析，实现针对特定年龄、性别、地域等条件的广告投放，进一步提高广告的效果和精准度。最后，大数据还可以为企业提供更多的数据分析和挖掘工具和方法，帮助企业更好地理解市场和消费者，从而制定出更加科学、合理的社交媒体营销策略。这些策略不仅需要考虑到当前的市场环境和消费者需求，还需要考虑到未来的市场趋势和消费者变化，以保持企业的竞争力和市场地位。

（三）大数据在公关危机管理中的作用

在当今这个信息爆炸的时代，大数据作为一种强大的工具，正越来越多地应用于各个领域，其中包括公共关系（PR）危机管理。公共关系危机，简而言之，就是那些可能对组织声誉造成严重损害的事件或情况，比如产品召回、负面新闻报道、管理层失误或其他可能引起公众关注的事件。在这样一个复杂和多变的舆论环境中，大数据的应用显得尤为关键，它可以帮助企业更好地理解和控制危机，制定出更加精确和有效的应对策略。首先，大数据可以帮助企业快速把握舆论动态。当危机发生时，人们对于事件的看法和态度可能会随着时间的推移而发生变化。大数据技术可以实时收集和分析来自不同渠道的舆论数据，如社交媒体、新闻网站、论坛和博客等，这使得企业能够迅速掌握公众舆论的脉搏，了解人们对危机事件的最新看法和态度。通过这种方式，企业可以及时调整其公关策略，确保其信息传递和危机响应措施与公众的看法保持一致。其次，大数据可以帮助企业预警危机。通过对大量的社交媒体和网络数据进行监控，企业可以及时发现那些可能演变成危机的信号。例如，如果一个产品在社交媒体上突然出现大量负面评论，这就可能是一个危机的前兆。在这种情况下，企业可以迅速采取行动，如发布澄清声明、改进产品或与消费者沟通，从而在危机真正爆发之前就将其遏制。这种提前预警的能力对于危机管理至关重要，它可以大大减少危机对企业的负面影响。再次，大数据还能帮助企业分析舆论走势。通过对舆论数据的深入分析，企业可以了解危机事件的热度、传播速度和舆论倾向，这些信息对于制定危机应对策略非常有价值。例如，如果数据显示危机事件在某个特定的时间段内传播速度迅速加快，那么企业就需要加大危机响应的力度，以防止危机进一步恶化。相反，如果数据显示危机的影响力正在逐渐减弱，那么企业可以适度调整危机应对策略，将重点放在长期建设和形象修复上。最后，大数据可以帮助企业评估危机应对的效果。在危机发生过程中，企业会采取一系列的应对措施，如发表声明、举行新闻发布会、在社交媒体上进行沟通等。大数据可以收集和分析这些措施的效果数据，如多少人看到了这些信息、他们的反应如何等。通过这些数据，企业可以评估其危机应对策略的实际效果，了解哪些措施有效，哪些需要改进。这种评估不仅可以提高当前危机管理的效率，还可以为未来可能发生的危机提供宝贵的经验和教训。

在实际应用中，大数据在公关危机管理中的作用可以通过以下几个步骤来具体实施：

一是数据收集。企业需要进行广泛的数据收集工作，其中包括但不限于社交媒体上的评论、新闻报道、专家观点、竞争对手的信息等。社交媒体作为信息传播的重要渠道，已经成为公众表达观点、分享信息的主要平台。通过收集社交媒体上的评论，企业可以直观地了解到公众对危机事件的看法和情绪，从而为制定危机应对策略提供依据。同时，新闻报道和专家观点也是企业不可忽视的信息来源。新闻报道往往能提供事件的最新进展和深度分析，而专家观点则可以提供专业性的解读和建议。此外，了解竞争对手的信息也是企业危机管理的重要一环，通过分析竞争对手的动态，企业可以更好地调整自己的战略和策略。这些数据可以从多个渠道获取，如社交媒体平台、新闻网站、论坛和博客等。社交媒体平台如微博、微信、Twitter 等，是公众表达观点和分享信息的主要场所。新闻网站则包括主流媒体和专业媒体，如新浪、搜狐、网易等。论坛和博客则是公众讨论问题、分享见解的重要平台，如天涯、豆瓣、知乎等。通过利用这些渠道，企业可以全面收集与危机相关的各种数据，为危机管理提供信息支持。在收集数据的过程中，企业需要关注数据的真实性和可靠性。由于网络信息的传播速度极快，虚假信息和谣言也时有出现。因此，在收集数据时，企业需要具备辨别真伪的能力，筛选出真实可靠的信息。此外，企业还需要关注数据的时效性。危机事件的信息是不断变化的，企业需要及时收集和更新数据，确保信息的时效性。只有这样，企业才能及时把握危机的动态，为危机管理提供准确的参考。在收集到数据后，企业需要对数据进行整理和分析。企业需要将收集到的数据进行归类，如将社交媒体上的评论按照主题进行分类，将新闻报道按照事件进展进行整理等。然后，企业需要运用数据分析方法，如情感分析、文本挖掘等，对数据进行深入分析，从中提取出有价值的信息。例如，通过情感分析，企业可以了解到公众对危机事件的情绪倾向，从而为危机应对策略提供依据。通过文本挖掘，企业可以从大量的评论中找出与危机相关的关键信息，为危机管理提供参考。在整理和分析数据的过程中，企业需要关注数据的全面性。危机事件往往涉及多个方面，企业需要收集来自不同渠道、不同角度的数据，以确保对危机的全面了解。例如，在应对产品危机时，企业不仅需要关注社交媒体上的消费者投诉，还需要关注新闻报道中的专家分析和竞争对手的动态。只有全面了解危机事件的各个方面，企业才能制定出更加全面、有效的危机应对策略。最后，企业需要将收集到的数据和分析结果用于指导危机管理实践。在危机发生时，企业需要迅速采取行动，制定和实施危机应对策略。在这个过程中，企业可以利用收集到的数据和分析结果，了解公众的看法和情绪，判断危机的严重程度，制定针对性的应对措施。例如，如果数据分析显示公众对危机事件的负面情绪较重，企业可以加大宣传力度，通过各种渠道解释事实、澄清误会，以减轻公众的负面情绪。如果显示危机事件的传播速度较快，企业可以采取紧急措施，如暂停相关业务、加强产品质量管理等，以遏制危机的蔓延。

二是数据整理。数据整理是数据分析的前提，它的目的是将收集到的数据进行清洗和整理，以确保数据的准确性和可用性。数据收集往往是从各个不同的渠道获取来的，这些数据可能是以不同的格式和结构存在的，因此需要对数据进行整理和清洗，以便进行后续的分析工作。在数据整理的过程中，需要进行一系列的操作，包括去除重复数据、纠正错误信息、分词处理等。首先，去除重复数据是为了避免在进行数据分析时对重复的数据进行多次计算，从而提高数据分析的效率。其次，纠正错误信息是为了确保数据的准确性，如果数据中存在错误的信息，将会对后续的数据分析结果产生不良影响。最后，分词处理是为了将数据中的文本信息进行拆分，以便后续的文本挖掘和情感分析等工作。通过整理好的数据，可以提高后续数据分析的准确性和有效性。整理后的数据具有较高的可靠性和一致性，这将有助于对数据进行更深入的分析和挖掘。同时，整理后的数据也更容易进行可视化展示和报告撰写，从而使得数据分析的结果更加直观和易于理解。数据整理是一个复杂而烦琐的过程，需要一定的技术和专业知识。在进行数据整理的过程中，需要熟悉各种数据处理工具和技术，如Excel、SQL、Python等，以便进行数据的清洗、整合和转换等操作。同时，还需要对数据的结构和特点有一定的了解，以便选择合适的数据整理方法和技术。

三是数据分析。在危机管理中，数据分析的重要性不可忽视。一旦危机发生，企业需要收集和整理大量的数据，以便更好地理解危机的本质和影响。整理好的数据不仅可以提供对危机的深入洞察，还可以作为基础用于进行各种分析。其中，情感分析是一种常用的分析方法，可以帮助企业了解公众对危机的态度和情绪。通过对公众在社交媒体、新闻报道等渠道上的言论和评论进行情感分析，企业可以得知公众对危机的情绪是愤怒、失望、担忧还是其他。这种情感分析的结果对企业来说非常重要，可以帮助企业判断舆论的走向，及时调整危机应对策略。另一种重要的数据分析方法是趋势分析。趋势分析可以帮助企业预测危机的发展方向，并提前做好准备。通过分析历史数据和当前的危机状况，企业可以推断危机的未来趋势，并做出相应的应对策略。例如，如果趋势分析显示危机的发展可能会导致更多的负面影响，那么企业可能需要及时采取措施来应对，并尽量减少损失。此外，传播路径分析也是一种重要的数据分析方法。危机的传播路径对企业来说至关重要，了解危机是如何在网络上传播的，可以帮助企业找到传播途径和关键节点。通过对危机传播路径的分析，企业可以更好地了解公众的信息获取途径和信息传播方式，从而有针对性地进行危机管理。例如，如果分析结果显示危机主要通过某个特定的社交媒体平台传播，那么企业可以在该平台上重点监测和参与，以更好地控制危机的传播和影响范围。

四是危机预警。危机预警在当今竞争激烈的商业环境中变得越来越重要。企业面临着各种潜在的危机，如产品质量问题、舆论攻击、经济变化等。因此，建立有效的预警机制是企业保持竞争优势和维护声誉的关键。通过数据分析，企业可以及时发现潜在的危机信号。数据分析是一种通过收集和分析大量数据来提取有意义信息的方法。通过对社交媒体、新闻报道、市场调研等数据的分析，企业可以了解市场情况、消费者反馈和竞争对手的动态。这些数据可以帮助企业发现潜在的危机并及时采取措施。例如，负面评论的增加可能是一个潜在的危机信号。随着互联网的普及，消费者可以随时随地发表对企业产品或服务的评论。如果负面评论数量迅速增加，说明消费者对企业的不满程度可能加剧，如果不及时处理可能导致危机。因此，企业可以利用数据分析工具来监测评论数量和质量的变化，并设定一个阈值，一旦负面评论增加到一定数量，系统会自动提醒企业采取行动。除了负面评论，话题热度的上升也是一个潜在的危机信号。当一个话题在社交媒体上迅速引起关注和讨论时，往往暗示着潜在的问题。企业可以通过数据分析工具来监测话题热度的变化，并通过设置阈值来识别潜在的危机信号。一旦话题热度达到阈值，系统会向企业发送警报，提醒企业及时采取行动。危机预警机制的设置对企业来说非常重要。它可以帮助企业及时应对潜在的危机，减少损失并保护企业声誉。例如，当负面评论增多时，企业可以与客户进行积极沟通，解决他们的问题并改善产品或服务的质量。通过及时处理负面评论，企业可以避免媒体报道负面新闻，从而保护企业声誉。同样地，当话题热度上升时，企业可以通过积极参与讨论并传达企业立场来控制危机。企业可以发表声明、举办活动或与意见领袖合作，以回应消费者的关注和担忧。通过及时的回应和积极的行动，企业可以赢得消费者的信任和支持，从而维护声誉。另外，危机预警机制的设置需要综合考虑各种因素。企业需要确定适当的监测指标。不同行业和企业面临的危机信号可能有所不同，因此企业需要根据自身情况来确定适用的指标。企业还需要确定适当的阈值。阈值的设定应该能够准确识别潜在的危机信号，同时避免误报。企业还需要确保预警机制的及时性和有效性。预警机制应该能够及时发出警报，并给出相应的建议和行动方案。此外，企业还应定期评估和调整预警机制，以确保其适应不断变化的市场环境。

五是危机应对。危机应对策略是每个企业都需要面对的一个重要课题。随着数据科学的发展，数据分析已经成为企业应对危机的重要工具。通过深入的数据分析，企业可以更准确地了解公众对危机的反应，预测危机的发展趋势，并确定传播路径，从而制定和调整危机应对策略。首先，要了解公众对危机的反应。情感分析是一种重要的工具，它可以通过分析大量的文本数据，来识别出公众对危机所持有的情绪。如果情感分析显示公众对危机持有负面情绪，企业就需要采取积极的公关策略，以缓解公众的负面情绪，维护企业的声誉。可以发表声明，说明企业正在采取的措施，以及未来的计划；也可以举行新闻发布会，邀请媒体和公众了解企业的应对措施。同时，还可以通过提供有关危机情况的信息，解答公众的关切，增强公众对企业的信任感。趋势分析是另一种重要的数据分析工具。通过分析危机的发展趋势，企业可以预测危机可能的发展方向，并提前采取相应的措施。如果趋势分析显示危机可能会扩大，企业就需要采取措施阻止危机的扩散。这可能包括加强公关工作，通过各种渠道宣传企业的正面信息，以改变公众的看法；也可以通过提供更多的信息，来解答公众的关切，增强公众对企业的信心。此外，企业还可以与相关的政府部门、媒体和公众进行沟通，以获得更多的支持和理解。除了了解公众的情绪和预测危机的发展趋势外，传播路径分析也是企业制定危机应对策略的重要手段。通过分析传播路径，企业可以确定危机传播的关键节点，并针对这些节点进行沟通和引导。这可以帮助企业更好地控制危机的传播范围和影响程度，防止危机扩散到更广泛的领域。企业可以根据传播路径分析的结果，有针对性地在特定的平台和渠道上进行沟通和引导，例如社交媒体、论坛、博客等。通过这些平台和渠道，企业可以更直接地与公众进行互动，传递企业的声音和信息，并影响公众的看法和行为。除了以上提到的几种数据分析工具外，还有很多其他的方法可以帮助企业制定和调整危机应对策略。例如，舆情监测可以帮助企业实时了解公众对危机的反应和看法；数据挖掘和分析可以帮助企业发现潜在的风险因素和机会；风险评估可以帮助企业评估危机的严重程度和影响范围；等等。这些工具和方法的使用需要结合企业的实际情况和需求来进行选择和运用。

六是危机评估。危机评估是指在危机处理结束后，企业采集和分析相关数据，以评估危机应对措施的效果。这一评估的目的是总结危机应对的经验教训，为今后的危机管理提供参考和改进方向。通过这种持续的学习和改进的循环，企业可以不断提升公关危机管理的能力，以更好地应对未来可能发生的危机。在进行危机评估时，企业应该收集各种相关数据，包括危机爆发前后的媒体报道、社交媒体评论、消费者反馈等。这些数据可以帮助企业了解公众对危机处理的反应和评价，从而客观地评估危机应对的效果。此外，企业还可以进行内部调查，收集员工和管理层的观点和反馈。这样可以获取不同角度的意见，评估危机管理措施对内部组织的影响。评估危机应对的效果不仅仅是为了了解危机处理是否得当，更重要的是从中汲取经验教训。企业可以通过对危机管理过程的回顾，找出处理不当的环节以及导致危机扩大的原因。这样可以帮助企业更好地避免类似的错误，为将来的危机应对提供指导。此外，评估危机应对的效果还可以发现危机管理的优点和成功之处，进一步巩固和提升企业的危机管理能力。在危机评估的过程中，还应该考虑危机处理对企业声誉和品牌形象的影响。公众对企业的印象往往是通过危机处理表现形成的。因此，企业需要评估危机处理是否对企业声誉造成负面影响，以及如何恢复和重建企业的形象。同时，企业还可以通过危机评估发现潜在的机会，以改善企业形象和加强品牌建设。危机评估不仅关注危机应对的效果，还要考虑危机管理的流程和决策是否合理。通过评估危机管理的流程，企业可以发现流程中可能存在的问题和短板，为今后的危机应对提供指导。此外，企业还可以评估危机决策的科学性和适应性，以确定是否需要对决策机制进行调整和改进。为了确保危机评估的有效性，企业需要建立完善的评估体系和方法。评估体系应该包括明确的评估指标和标准，以及评估的时间和频率。评估方法可以采用定性和定量相结合的方式，综合考虑各种数据和信息，得出准确和可行的评估结果。此外，企业还可以利用先进的技术手段，如大数据分析和人工智能来支持危机评估工作。危机评估应该是一个持续的过程，而不仅仅是危机处理结束后的一次性工作。企业应该定期进行危机评估，以及时发现和纠正问题，不断改进危机管理的效果和水平。同时，企业还应该加强学习和知识管理，将危机评估的经验和教训进行积累和传承，为今后的危机管理提供更好的支持。

第十章　大数据的未来发展与趋势展望

一、大数据技术的发展趋势

（一）大数据技术的创新方向

大数据技术的发展趋势体现在多个创新方向上，这些方向不仅涉及技术层面的革新，也包括应用模式的创新。快速发展的领域，各种新技术和新模式层出不穷，推动着大数据技术的不断进步。在技术层面，大数据的处理能力正在向实时性发展。这意味着数据不再仅仅是存储和分析的对象，而是可以即时反应和指导行动的信息流。实时分析技术的发展，如流处理技术，使得组织能够在数据产生的第一时间对其进行分析，从而快速做出决策。这种实时性的提升，对于那些对实时性要求很高的应用场景，如金融交易、在线广告、交通控制等，具有重要意义。数据存储技术也在不断创新。传统的关系型数据库正在被非关系型数据库（NoSQL）所补充，特别是分布式存储解决方案，使得数据可以在多个节点上分布式存储和处理，提高了数据处理的效率和可靠性。这种创新的存储技术，不仅可以应对大数据的存储需求，还可以提高数据的访问速度和系统的扩展性。数据集成和数据管理技术也在进步。随着数据源的增多，如何有效地整合来自不同来源和格式的数据，并对其进行管理，成为技术发展的关键。数据集成工具和数据仓库技术的发展，使得数据处理更加自动化和智能化。这种进步，不仅提高了数据处理的效率，也提高了数据的质量和可用性。人工智能和机器学习的融入，为技术带来了新的活力。通过机器学习模型，可以从大数据中挖掘出更深层次的规律和洞见，为决策提供支持。这种技术的应用，不仅可以提高决策的准确性和效率，还可以发现一些以前无法发现的问题和机会。在应用模式的创新方面，大数据技术也在不断突破。例如，从单一的数据分析应用，发展到了数据驱动的智能决策和智能控制；从面向企业的商业智能应用，发展到了面向个人的个性化推荐和服务；从单纯的数据分析，发展到了基于数据的机器学习和人工智能应用。这些新的应用模式，不仅拓宽了大数据技术的应用领域，也提高了大数据技术的价值和影响力。

（二）大数据技术在未来的应用前景

随着科技的不断发展，大数据技术的应用前景越来越广阔。大数据技术正在改变各行各业的运作方式，特别是在医疗健康、智慧城市、金融服务、制造业等领域，大数据技术的作用越来越显著。

在医疗健康领域，大数据分析已经成为提高医疗服务质量和效率的重要手段，为患者提供更准确、个性化的预防和治疗方案，优化医疗管理，提高服务效率和质量。首先，大数据分析可以帮助医生更准确地了解疾病的模式和趋势。通过分析大量的医疗数据，医生可以深入研究各种疾病的发展模式，包括病因、发生机制、临床特征等方面，从而帮助医生更准确地预测患某种疾病的风险。例如，通过对基因数据、病例数据、生活习惯等因素的综合分析，可以识别出与某种疾病相关的基因变异，预测个体是否易患该疾病。这有助于医生根据个体特征制定个性化的预防和治疗方案，提前采取措施，降低患病风险。其次，大数据分析在个性化治疗方面也发挥着重要的作用。通过对大量的医疗数据进行分析，医生可以了解到不同治疗方法在不同个体中的疗效差异，以及哪些因素会影响治疗效果。例如，对某种疾病的大规模临床试验数据进行分析，可以发现某些特定基因变异与某种药物疗效的关联，从而实现个体化的药物选择。同时，通过与其他患者的数据比对，医生可以了解到该疾病在不同人群中的发展趋势，为个体提供更加精确和针对性的治疗方案。再次，大数据技术还可以用于医疗管理的优化，提高医疗服务的效率和质量。通过分析大量的医疗数据，可以了解医疗资源的使用情况，优化医疗流程，提高资源利用率。例如，通过分析就诊人数、科室负荷、医生排班等数据，可以实现合理的排队管理和资源调配，减少患者等待时间，提高就诊效率。从次，通过大数据分析还可以实现医疗服务的个性化推荐。根据患者的个体特征、疾病情况以及历史就诊数据，为患者提供个性化的医疗服务建议，包括专家推荐、医院选择、诊疗方案等，提高患者满意度。最后，大数据分析还可以帮助医疗机构发现隐匿的医疗风险和问题。通过对大量的医疗数据进行分析，可以发现患者的用药问题、患者就医过程中的错误操作、医疗设备的故障等问题，提前采取措施进行处理，降低患者风险，提高医疗质量。同时，大数据分析还可以监测和预测疾病的流行趋势，及时发现并应对突发公共卫生事件，保障公众的健康与安全。

在智慧城市建设中，大数据技术也发挥着重要的作用。城市管理者可以通过大数据技术来优化资源分配，提高城市运营效率。例如，通过对交通流量、环境数据、公共设施使用情况等数据的分析，可以规划更合理的交通路线，提高交通效率；通过对能源使用数据进行分析，可以指导城市的节能减排，降低碳排放，提高城市的环境质量。此外，大数据技术还可以用于城市安全管理的优化，例如通过分析视频数据，提高城市的安全监控水平。

在金融服务领域，大数据技术正在发挥着越来越重要的作用，其应用范围已经深入到风险管理、客户服务、欺诈检测等多个方面。这种技术的广泛应用不仅提高了金融机构的服务水平和效率，同时也为金融监管提供了新的工具和手段，以应对日益复杂的金融市场和风险环境。在风险管理方面，大数据技术扮演了至关重要的角色。金融机构需要评估客户的信用风险，以便做出合理的信贷决策。传统的信贷评估方法通常基于有限的客户信息，而这些信息可能存在片面性，因此，准确性受到一定的限制。然而，通过运用大数据技术，金融机构可以获取和分析大量的客户数据，包括客户的消费习惯、交易行为、社交网络等非传统信息。这些数据可以提供更全面、更准确的客户画像，帮助金融机构更准确地评估客户的信用风险。通过分析这些数据，金融机构可以制定更为合理的信贷政策，以适应不同客户群体的需求，提高信贷决策的准确性。大数据技术也为客户服务带来了显著的提升。传统的客户服务往往基于有限的客户信息，难以提供个性化的服务。然而，通过分析大量的客户行为数据，金融机构可以更好地理解客户的兴趣、需求和习惯，从而为不同客户提供个性化的服务。这种个性化的服务能够提高客户的满意度和忠诚度，增强客户对金融机构的信任和认可。此外，大数据技术还可以帮助金融机构更有效地处理客户投诉和问题，提高客户服务的质量和效率。在金融监管方面，大数据技术也发挥着重要的作用。随着金融市场的日益复杂化和全球化，金融风险的监测和预防变得更加困难。传统的监管方式往往依赖于有限的监管数据和人工分析，难以全面、准确地监测和预防金融风险。然而，大数据技术可以提供更为全面、实时的数据，帮助监管机构更有效地监测和预防金融风险。通过分析大量的交易数据、客户数据和市场数据，监管机构可以及时发现异常交易、洗钱、恐怖融资等违法行为，从而采取相应的监管措施。此外，大数据技术还可以帮助监管机构预测未来的市场趋势和风险，为政策制定提供科学依据。

　　在制造业中，物联网技术已经得到了广泛的应用，其巨大的潜力正在逐渐被挖掘出来。物联网技术是一种基于互联网的连接各种设备的网络，通过它可以实现各种设备之间的数据交换和远程控制。在制造业中，物联网技术被广泛应用于生产设备的监测和控制、生产过程的优化以及生产数据的收集和分析等方面。通过物联网技术，可以实时收集大量的生产数据，这些数据包括了生产设备的工作状态、生产过程中的温度、湿度、压力、物料消耗、产品质量等方面的信息。通过对这些数据的分析，可以发现生产过程中的问题，及时进行改进，从而提高生产效率和质量。同时，通过对生产数据的分析，还可以发现生产中的一些规律和趋势，为生产过程的优化提供依据。通过物联网技术，可以实现智能化的生产流程控制。例如，可以通过对生产设备的监测和控制，实现生产设备的自动化控制和故障预警，从而减少生产过程中的停机时间，提高生产效率。同时，通过对生产过程的优化，可以实现生产过程中的节能减排，减少能源的浪费，降低生产成本。通过对生产数据的分析，还可以发现产品质量的波动规律，为产品的质量控制提供依据。例如，通过对产品生产过程中的数据进行分析，可以发现影响产品质量的关键因素，从而制定相应的质量控制措施，提高产品质量。在智能化供应链管理方面，物联网技术也发挥了巨大的作用。供应链管理是一个复杂的过程，涉及多个环节和多个参与者。通过物联网技术，可以实现供应链各个环节之间的数据交换和信息共享，提高供应链的透明度和可控性。此外，通过对物流数据的分析，可以发现物流过程中的问题，及时进行改进，提高物流效率，降低物流成本。通过对物流数据的分析，可以发现物流过程中的瓶颈和浪费环节，如运输过程中的空驶率、装卸过程中的人力搬运等。通过对这些环节的改进，可以提高物流效率，减少物流成本。同时，通过对物流数据的分析，还可以预测未来的物流需求和供应情况，提前做好相应的准备和安排，避免出现供应中断或库存积压的情况。物联网技术还可以实现供应链的智能化调度和管理。通过物联网技术，可以实现供应链各个环节之间的数据交换和信息共享，从而实现对供应链的实时监控和管理。当供应链出现异常情况时，可以通过物联网技术及时发现并采取相应的措施进行解决。此外，通过物联网技术还可以实现供应链的自动化调度和管理，例如，自动选择最佳的运输方式、选择最优的库存位置等。

大数据技术的广泛应用已经成为当今社会发展的一大趋势，不仅在医疗、金融、制造业等领域得到广泛应用，还在教育、农业等传统领域发挥着重要的作用。在教育领域，大数据技术可以帮助教育者更准确地了解学生的学习情况，为其提供个性化的学习方案。教育者可以通过大数据技术收集学生的学习数据，包括学习成绩、学习时间、学习习惯等等。通过对这些数据的分析，教育者可以发现学生的学习薄弱点，为其提供个性化的学习方案，从而提高学生的学习效果。此外，大数据技术还可以为教育者提供学生的学习进度和学习兴趣等数据，帮助教育者为学生提供更加个性化的教学内容和学习资源，提高学生的学习积极性和学习成果。在农业领域，大数据技术可以帮助农民更准确地了解作物的生长情况，为其提供合理的施肥和灌溉方案。农民可以通过大数据技术收集作物的生长数据，包括生长速度、养分吸收情况、病虫害情况等等。通过对这些数据的分析，农民可以更准确地了解作物的生长状况，为其提供合理的施肥和灌溉方案，从而提高作物的产量和质量。此外，大数据技术还可以为农民提供气象数据和市场数据等信息，帮助农民更好地进行种植决策和管理，提高农业生产的效率和竞争力。除了教育、农业等领域，大数据技术还在许多其他领域发挥着重要的作用。在物流领域，大数据技术可以帮助物流企业更准确地了解货物的运输情况，为其提供合理的运输方案，提高货物的运输效率和安全性。在能源领域，大数据技术可以帮助能源企业更准确地了解能源的使用情况，为其提供合理的能源分配和管理方案，提高能源的使用效率和可持续性。在环保领域，大数据技术可以帮助环保部门更准确地了解环境的污染情况，为其提供合理的环保措施和管理方案，保护环境，提高人民生活质量。随着科技的不断发展和应用，大数据技术将会在更多领域得到应用，并成为推动社会发展的重要力量。同时，大数据技术在应用过程中也需要面对许多挑战，例如数据安全、隐私保护等问题，需要加强监管和规范，确保大数据技术的健康发展，更好地为社会和人民服务。

（三）大数据技术发展对企业管理的影响

在 21 世纪这个信息技术飞速发展的时代，大数据作为一种新兴技术，正以前所未有的速度改变着人们的生活和工作方式。大数据技术的应用已经渗透到各行各业，尤其是对企业管理产生了深远的影响。这种影响不仅体现在管理手段和工具的变革上，还深刻改变了企业的决策模式、业务流程、竞争方式以及企业文化等。首先，大数据技术的发展使得企业的决策模式从经验驱动转向数据驱动。在传统的企业管理中，管理者通常依靠个人的经验和直觉来做出决策。然而，这种方式往往带有主观性和不确定性，难以保证决策的准确性和科学性。而大数据技术的发展为企业提供了强大的数据支持。管理者可以通过分析大数据来发现市场趋势，了解客户需求，预测未来市场的发展方向，从而做出更加精准和科学的决策。这种数据驱动的决策模式，使得企业管理更加精细化、智能化，提高了企业的竞争力。其次，大数据技术的发展也推动了企业业务流程的优化。在传统的业务流程中，往往存在许多低效、重复的工作环节，这些环节成为企业发展的瓶颈。而大数据技术的发展为企业提供了一种全新的解决方案。通过对业务流程中产生的大数据进行分析，可以发现流程中的瓶颈和不足，实现流程的自动化和智能化。例如，在供应链管理中，通过对物流、库存等数据进行分析，可以实现供应链的优化，降低库存成本，提高物流效率。在生产过程中，通过对生产设备、生产线等数据进行分析，可以实现生产的自动化和智能化，提高生产效率和产品质量。这种基于大数据的业务流程优化，使得企业管理更加高效、透明，提高了企业的核心竞争力。再次，大数据技术的发展也改变了企业的竞争方式。在传统的竞争模式下，企业主要通过产品价格、渠道等手段来争夺市场份额。然而，随着市场竞争的加剧，这种竞争方式已经无法满足企业的需求。而大数据技术的发展为企业提供了一种全新的竞争方式。拥有数据优势的企业能够通过数据分析获得新的竞争优势。例如，通过数据挖掘客户需求，企业可以开发出新的产品和服务，满足市场的需求。通过数据分析市场趋势，企业可以提前布局市场，抢占市场先机。这种基于大数据的竞争方式，使得企业管理更具前瞻性和竞争力。最后，大数据技术的发展还带来了企业文化的变革。在传统的企业文化中，经验和直觉被看作是企业成功的关键。然而，大数据技术的发展使得数据成为企业决策的重要依据。这种数据驱动的企业文化强调数据的重要性，鼓励员工利用数据来进行创新和改进。例如，在产品研发过程中，企业可以通过数据分析客户反馈，优化产品设计。在市场营销过程中，企业可以通过数据分析市场趋势，制定更加精准的营销策略。这种数据驱动的企业文化，使得员工更加注重数据的收集和分析，提高了企业的整体创新能力。

二、大数据应用的拓展领域

随着大数据技术的发展和应用，其应用领域也在不断拓展。除了已经广泛应用于金融、电商、医疗等行业外，大数据还在其他行业中发挥着重要作用，并且与人工智能的融合也成了大数据应用的趋势之一。同时，大数据在公共服务领域的应用前景也备受关注。

（一）大数据在其他行业中的应用案例

在当今时代，大数据作为一种极具价值的资源，正逐渐渗透到社会经济的各个领域，发挥着至关重要的作用。其强大的分析能力和处理海量数据的能力，使得它在教育、能源、运输与物流等多个行业中得以广泛应用，并且极大地推动了这些行业的革新与发展。在教育行业中，大数据的应用正颠覆着传统的教学模式。传统上，教师往往依赖学生的考试成绩和作业表现来评估其学习状况，然而这些方法往往具有很大的局限性。而现在，通过大数据分析，学校和教育机构可以对学生的学习行为、成绩、课堂参与度等数据进行深入分析，从而得出更为精确和全面的评估。这种分析不仅可以帮助教师了解每个学生的学习特点和需求，还可以预测学生的未来表现，实现个性化教学。例如，教育软件可以根据学生的学习进度和能力，实时调整教学内容和难度，确保每个学生都能获得最适合自己的教育。此外，大数据在教育领域的另一个重要作用是早期干预和风险预测。通过对学生行为数据的分析，教师和学校可以及时发现那些可能面临学业困难的学生，并采取相应的干预措施。例如，通过分析作业和考试成绩，算法可以识别出哪些学生需要额外的辅导或帮助，从而避免学生在学业上陷入恶性循环。同时，大数据还可以帮助教育机构更好地管理资源，例如，通过分析学生选课数据来优化课程设置，确保教育资源得到最有效的分配和使用。在能源行业，大数据的应用同样令人瞩目。在这个行业中，大数据的主要作用在于优化资源配置、提高能源效率以及预测能源需求。通过收集和分析用户的能源使用数据，能源公司能够更准确地了解和预测市场需求，从而做出更为合理的供电和能源分配决策。例如，智能电网系统可以利用大数据分析，实时监控和调整电力供应，确保供电的稳定性和效率。在新能源领域，大数据同样可以发挥关键作用，例如通过分析天气数据和发电机性能，预测风能和太阳能的发电量，从而优化新能源的利用和调度。在运输与物流行业，大数据的应用则主要体现在提高运输效率、降低成本以及提升客户满意度上。物流公司通过收集交通流量数据、天气信息、货物装载情况等大量数据，利用大数据分析技术可以优化配送路线和货物装载方案，减少运输途中的损耗。此外，大数据分析还可以帮助物流公司预测货物的需求变化，从而实现库存的精准管理，减少库存成本。在这一过程中，实时数据分析和智能调度系统的应用，使得物流过程更加透明，客户可以实时追踪货物状态，提高了物流服务的质量和效率。

（二）大数据与人工智能的融合趋势

大数据与人工智能的融合是未来大数据应用的一个重要趋势。随着互联网的快速发展和技术的不断进步，进入了一个信息爆炸的时代，大量的数据不断涌现。然而，面对如此庞大的数据量，如何从中提取有用的信息，发现其中的规律和趋势呢？这就需要人工智能的技术支持。在大数据与人工智能的融合中，大数据为人工智能提供了丰富的数据资源。大数据可以来自各个领域，例如金融行业、制造业、医疗健康等，包含了用户行为数据、交易数据、传感器数据等各种形式的数据。而人工智能则可以通过深度学习、机器学习等技术来挖掘大数据中的信息和规律，从而提供更智能化的服务和解决方案。以金融行业为例，大数据分析和人工智能的融合应用可以帮助金融机构更好地识别和预防欺诈行为。随着电子支付和互联网金融的兴起，金融欺诈问题也日益严重，给金融机构和用户带来了很大的风险。然而，传统的手工分析方法往往效率低下且不准确。通过分析大量的交易数据和用户行为数据，人工智能可以建立模型来判断用户是否存在被欺诈风险，并且能够实时监测交易活动，及时发现和阻止异常交易。通过大数据的分析和人工智能的应用，金融机构可以大大提高欺诈检测的准确性和效率。在制造业中，大数据分析和人工智能的结合也可以帮助制造企业提高生产效率和质量。制造业是一个复杂而庞大的系统，涉及众多的环节和变量。传统的生产管理方法往往依靠经验和直觉，难以充分考虑到各种不确定性因素。而通过分析传感器数据和设备数据，人工智能可以识别出设备故障和生产异常情况，并及时做出调整，从而提高生产过程的稳定性和品质。同时，人工智能还可以通过学习大量的历史数据和产品信息，优化生产计划和调整工艺参数，从而提高产品的质量和效率。除了金融行业和制造业，大数据与人工智能的融合还可以在许多其他领域发挥重要作用。在医疗健康领域，通过分析患者的病历数据和医学文献，人工智能可以帮助医生进行疾病诊断和治疗方案的制定，提高医疗效果和减少错误率。在交通运输领域，通过分析交通流量和车辆行驶数据，人工智能可以提供更智能的交通管理和导航服务，缓解交通拥堵和提高道路安全。在社交媒体和电商领域，通过分析用户的行为和兴趣，人工智能可以提供个性化的推荐和广告服务，提升用户体验和商业价值。

（三）大数据在公共服务领域的应用前景

在当今信息时代，大数据作为一种新兴产业和技术，已经成为推动社会发展和创新的关键力量。特别是在公共服务领域，大数据的应用前景无比广阔，它不仅能够助力政府和公共机构全面深入地理解和满足公众的多元化需求，还能够提升服务效率，优化资源配置，实现公共服务的精准化、智能化。大数据的应用有助于政府和公共机构更好地了解公民的需求和诉求。在过去，政策制定往往依赖于抽样调查、实地考察等传统方式，这些方式不仅耗时耗力，而且往往存在样本偏差，难以全面准确地反映社会公众的真实意愿和需求。而大数据分析则可以对这些信息进行实时收集和处理，为政府提供一个全方位、多维度的数据视图。通过深入分析公民的消费行为、生活习惯、健康状况等数据，政府可以更科学、合理地制定政策，确保政策制定过程的公正性和透明度，从而提高政策的针对性和有效性。大数据在公共安全领域的应用前景也十分广阔。公共安全是关系到国计民生的大事，传统的公共安全管理手段往往依赖于人力监控和经验判断，这些方式在信息处理能力和反应速度上存在天然的局限性。而大数据分析则可以通过对海量数据的实时监控和智能分析，及时发现和预测公共安全事件，为政府和企业提供有效的决策支持。例如，通过对城市交通流量、社交媒体信息、气象数据等多源数据的综合分析，可以有效预测和防范自然灾害、恐怖袭击等安全风险，保障人民群众的生命财产安全。此外，大数据在城市规划和资源管理中也具有重要的应用价值。城市规划是一项复杂的系统工程，涉及土地利用、交通布局、公共设施建设等多个方面。传统的城市规划往往依赖于专家经验和历史数据，这些方式在预测未来城市发展趋势和解决问题上存在很大的不确定性。而大数据分析则可以为城市规划者提供实时、全面的数据支持。通过对城市人口流动、交通状况、能源消耗等大数据的深入挖掘和分析，可以更准确地把握城市的发展脉络，发现城市运行中的问题和矛盾，从而制定出更具前瞻性和科学性的城市规划方案。在资源管理方面，大数据同样具有巨大的潜力。随着城市化进程的加快，城市资源的供需矛盾日益突出，如何高效、合理地利用资源提高资源利用效率，成为城市发展面临的重要课题。大数据分析可以帮助政府和企业掌握资源的使用情况，通过对资源消耗、供需关系等数据的实时监控和分析，可以实现对资源的精细化管理，提高资源配置的效率和公平性。例如，在能源管理领域，通过对城市能源消耗数据的实时分析，可以优化能源结构，促进能源的合理分配和利用，从而降低能源成本，减少环境污染，为城市居民提供更好的生活环境和公共服务。

三、大数据对企业管理的未来挑战

（一）大数据带来的企业管理变革

大数据时代是一个数据规模巨大、数据流转快速、数据类型多样且价值密度相对较低的时代，大数据以其独特的特性，正在深刻地改变着企业的管理方式。首先，大数据使得企业管理从传统的经验管理向数据化管理转变。在传统的管理模式下，企业管理者往往依赖个人的经验和直觉进行决策，这种方式存在着很大的主观性和片面性。然而，大数据技术的应用彻底改变了这一现状。企业可以利用大数据技术，通过收集和分析各种业务数据，以数据为基础做出决策，大大提高了管理的精准度和效率。这些数据涵盖了销售数据、客户数据、供应链数据、财务数据等各个方面，为企业提供了丰富的信息，使得管理者能够更加全面、客观地了解企业状况，从而做出更加科学、合理的决策。其次，大数据还推动了企业管理的实时化和智能化。在大数据时代，数据的实时分析成为可能。通过实时分析数据，企业可以及时发现和解决问题，实现管理的智能化。例如，通过对销售数据的实时分析，企业可以及时了解市场的变化，调整销售策略；通过对供应链数据的实时分析，企业可以优化供应链管理，提高效率。此外，人工智能和机器学习等先进技术的应用，使得企业能够从海量数据中自动提取有用的信息，自动识别规律和模式，为决策提供支持，大大提高了管理的智能化水平。再次，大数据还使得企业管理更加透明化和协同化。在传统的管理模式下，由于数据的分散和封闭，企业内部各部门之间的沟通和协作往往存在着壁垒和障碍。然而，在大数据时代，数据的共享成为可能。通过建立数据共享平台，企业内部各部门之间可以实现数据的实时交换和共享，使得沟通和协作更加顺畅，大大提高了管理的效率和效果。此外，大数据也使得企业与外部环境的联系更加紧密，企业可以更加及时地了解市场变化和客户需求，调整自己的战略和策略，实现与外部环境的协同发展。最后，大数据的应用还带来了管理理念和管理方式的变革。传统的企业管理更注重对事务的管理，而大数据时代更注重对数据和信息的管理。数据和信息成为管理的核心，通过对数据的分析和挖掘，企业可以发现事物的内在规律和联系，提高管理的精准度和效率。同时，大数据也要求企业管理者具备更高的数据素养和分析能力，能够熟练地运用各种数据分析工具和方法，挖掘数据背后的价值。

（二）大数据时代企业管理的新要求

大数据时代给企业管理带来了新的挑战和要求。如何适应大数据时代，将数据作为核心资源来提高企业的竞争力和效益，已经成为每个企业必须面对的重要问题。在这个时代，企业需要具备一定的数据素养，能够理解和分析数据，以更好地利用数据为企业创造价值。首先，企业需要提升员工的数据素养。在大数据时代，数据已经成为企业最宝贵的资产之一，它包含了丰富的信息和价值。因此，企业员工需要具备一定的数据素养，能够理解和分析数据。只有掌握了数据的基本知识和技能，才能更好地利用数据来进行决策和创新。因此，企业应该提供必要的培训和学习机会，帮助员工掌握数据的基本概念、分析方法和工具技能，以提高企业的数据素养。其次，企业需要加强数据安全和隐私保护。在大数据时代，企业处理和存储大量的敏感数据，如客户信息、商业机密等。如何处理和保护这些数据，成为企业管理的重要任务之一。第一，企业需要建立完善的数据安全管理制度，包括数据采集、传输、存储和使用等环节的安全措施，以保障数据的完整性、可用性和机密性。第二，企业需要加强对员工的数据安全教育和培训，增强员工的安全意识和防范能力。此外，企业还应该与相关的安全机构和专业技术团队合作，不断更新和升级数据安全技术，提高企业的数据安全水平。再次，企业还需要建立大数据驱动的管理体系。在大数据时代，企业需要将大数据分析结果融入管理的各个环节，以数据为基础进行决策和管理。第一，企业应该建立完善的数据采集和分析系统，通过数据的采集、整理、加工和分析，提供实时的决策支持和管理信息。第二，企业需要培养和引进相关的人才，包括数据分析师、数据科学家等，以支持和推动大数据驱动的决策和管理。从次，企业还应该建立相应的绩效考核和激励机制，对那些能够有效利用大数据进行决策和创新的人员进行奖励和认可，从而鼓励和推动企业的大数据运用。最后，企业还需要积极开展数据共享与合作。在大数据时代，数据的规模和复杂性不断增加，如果企业仅仅依靠自己的数据资源，很难发现更多的商机和创新机会。因此，企业应该主动开展数据共享与合作，与其他企业、研究机构等建立合作关系，共同分享和利用数据资源。通过数据的共享和合作，可以打破行业壁垒，提高企业的创新能力和竞争力。

（三）企业应对大数据未来挑战的策略

为了有效应对大数据时代的挑战，企业需要采取以下策略，以保持竞争力并实现可持续发展。第一，企业应着力提升数据能力。这包括投资于数据技术和人才，以提高数据的收集、分析和应用能力。通过数据驱动的决策和管理，企业能更好地应对市场变化和竞争压力。对于那些缺乏数据能力的企业来说，他们将面临被市场所淘汰的风险，因为数据已成为决策和运营的重要衡量指标。第二，企业需要加强数据治理。建立完善的数据治理体系对于保证数据的质量、安全和合规性至关重要。数据质量的保证意味着数据的准确性、完整性和一致性，帮助企业做出准确的决策。数据安全的确保则涉及对数据的保护，防止数据泄露和滥用。而数据合规性的确保涉及遵守相关行业规定和法律法规，以避免潜在的法律风险。通过加强数据治理，企业可以确保数据的可靠性和可用性，并为企业的可持续发展提供保障。第三，在面对大数据时代的挑战时，企业需要推动业务创新。利用大数据技术，企业能够挖掘新的业务模式和市场机会，实现业务的创新和发展。通过对大数据的深入分析，企业可以快速捕捉市场趋势和客户需求，从而提供更个性化的产品和服务。例如，企业可以利用大数据分析客户行为数据，提供个性化的产品推荐，从而提高销售额和客户满意度。通过业务创新，企业能够有效应对市场竞争，并拓展新的市场空间。第四，企业还需要加强人才培养。企业应重视培养具备数据素养和数据分析能力的员工。数据素养涉及员工对于数据的理解和运用能力，包括数据的收集、整理、分析和应用。而数据分析能力则指员工能够运用数据分析工具和技术，对数据进行深入分析，并从中提取有价值的信息和见解。通过培养具备数据素养和数据分析能力的员工，企业能够更好地进行数据驱动的决策和管理，提高业务绩效和竞争力。

在大数据背景下，企业管理面临着前所未有的机遇与挑战。通过深入探讨大数据的概念与特点，可以看到大数据对企业战略、决策、创新模式、资源管理、安全与隐私保护、团队管理、合作与竞争以及市场营销等方面的影响和变革。然而，这一切都离不开对大数据的正确理解和有效应用。

大数据在企业战略制定和实施中发挥着至关重要的作用。通过对海量数据的挖掘和分析，企业能够洞察市场趋势，把握消费者需求，从而制定出更具有针对性和实效性的发展战略。同时，大数据还能帮助企业优化资源配置，提高运营效率，从而在激烈的市场竞争中立于不败之地。大数据在企业决策中的应用场景十分广泛。无论是实时决策的促进，还是战略决策的支持，大数据都能为企业提供科学依据，帮助企业做出更加明智的决策。此外，大数据还能帮助企业识别潜在风险和机遇，从而及时调整战略方向，确保企业稳健发展。

目前，大数据驱动的企业创新模式正在逐步形成。通过对大数据的深入挖掘和分析，企业能够发现新的市场机会，推动产品创新和服务创新。这种创新模式不仅可以提高企业的核心竞争力，还能为消费者提供更加优质的产品和服务，实现企业与消费者的共赢。在资源管理方面，大数据也发挥着重要作用。企业可以通过大数据技术获取和整合各种资源，优化人力资源和财务资源的管理，提高企业的运营效率和经济效益。同时，大数据还能为企业提供更加精准的市场预测和决策支持，帮助企业规避风险，实现可持续发展。

然而，大数据的应用也面临着诸多挑战。数据安全和隐私保护是其中最为关键的问题之一。需要加强对数据的保护和管理，确保数据的安全和隐私不受侵犯。此外，大数据的应用也需要不断提高数据处理和分析的能力，培养和引进更多的大数据专业人才。在团队管理方面，大数据团队的建设和管理同样重要。需要组建一支具备专业素养和技能的大数据团队，为企业的数据管理和应用提供有力支持。同时，还要注重培养和引进大数据人才，提高企业的整体素质和竞争力。

展望未来，大数据将在更多领域得到应用和发展。随着大数据技术的不断进步和应用范围的拓展，企业管理的未来将更加智能化、高效化和个性化。也需要不断探索和创新，适应大数据时代的发展需求，为企业的可持续发展贡献力量。

参考文献

[1]耿聃聃.数字经济时代的企业管理转型路径研究［J］.商场现代化，2024（04）：92-94.

[2]朱晓婉，李俊.信息化背景下企业内部管理路径及优化措施分析［J］.商场现代化，2024（04）：95-97.

[3]王怡婷.大数据背景下企业管理模式创新策略［J］.产业创新研究，2024（02）：151-153.

[4]张婧.大数据时代背景下企业质量信息管理的优化与应用［J］.中国市场，2024（02）：89-92.

[5]李思.管理创新视域下的国有企业管理会计实践［J］.现代企业，2024（01）：15-17.

[6]苏明伟.大数据时代背景下企业管理创新模式研究［J］.产业创新研究，2024（01）：166-168.

［7］魏丹枫.互联网经济下企业管理方案创新探究［J］.商场现代化，2024（01）：130-132.

［8］李宏莹.知识经济时代企业经济管理创新与实践路径［J］.中国商人，2024（01）：54-55.

［9］方兴华.大数据时代下企业经营管理面临的挑战与对策分析［J］.中国总会计师，2023（12）：87-89.

［10］陈蕊，王宏伟.大数据发展与企业创新能力提升［J/OL］.当代经济管理，1-20［2024-02-18］.http://kns.cnki.net/kcms/detail/13.1356.F.20231227.1041.002.html.

［11］周萍.大数据背景下企业管理决策创新研究［J］.企业改革与管理，2023（24）：58-61.

［12］李远兴.大数据时代下企业经营管理模式创新研究［J］.大众标准化，2023（23）：167-169.

［13］支海丹.大数据技术应用于企业运营管理的分析研究［J］.全国流通经济，2023（23）：109-112.

［14］陈黔波.企业创新管理：理论、实践与启示［J］.海峡科技与产业，2023，36（11）：44-48.

［15］刘倩.新经济环境下提升企业管理水平的对策［J］.商业2.0，2023（32）：25-27.

［16］范有靖.基于大数据的企业管理模式优化策略研究［J］.现代工

业经济和信息化，2023，13（10）：93-95.

[17] 姚善银，高佳薇. 基于大数据技术的企业管理创新策略研究 [J].企业改革与管理，2023（19）：35-36.

[18] 付东红，李易，高奔. 云模式下企业管理能力评价体系研究 [J].现代商业，2023（19）：163-167.

[19] 赖丽春. 大数据背景下的企业"业财融合"[J].纳税，2023，17（27）：61-63.

[20] 卢思宇，韩钟毅. 数字经济时代下企业管理与创新研究 [J].老字号品牌营销，2023（18）：110-112.

[21] 胡丹丹. 大数据时代国有企业管理模式创新策略 [J].商场现代化，2023（16）：105-107.

[22] 苗因. 大数据背景下企业经营管理初探 [J].商场现代化，2023（16）：108-110.

[23] 李萌. 大数据对企业管理决策的影响研究 [J].科技经济市场，2023（08）：89-91.

[24] 张治. 大数据时代背景下企业管理新模式研究 [J].现代营销（上旬刊），2023（08）：126-128.

[25] 杨洁. 企业管理创新的趋势与实践 [N].财会信报，2023-07-31（005）.

[26] 卫思谕. 加强数智时代的管理理论创新 [N].中国社会科学报，

2022-12-16（002）.

[27]林峰.市场化改革中国有企业管理创新实践研究［J］.商场现代化，2022（14）：82-84.